JN088015

たぶん一生使わない?
異国のことわざ
111

時田昌瑞

イースト新書Q
Q073

はじめに

ことわざは4000年以上前から存在し、世界中に見ることができる「小さな言語芸術」だ。現在確認できる最大のことわざ辞典は、ドイツのもので25万語句が収載され、日本での最大のものは4万3000語句にのぼる。世界の言語数は3000〜8000といわれているので、仮に1言語に1000のことわざがあるとしたら、少なくとも300万以上のことわざが世界に存在することになる。さらには、ことわざの調査が及んでいない言語も少なくないはずなので、ことわざの実態や全容はいまだ知れない。神のみが知る世界なのだ。

筆者は40年前ころから研究・調査の道に入り、主に日本のことわざといろはカルタ、およびことわざの図像表現を追究してきた。古代から現代までに実際に使われたことわざの用例は思想・宗教・文芸書から新聞・テレビに至るまで10数万例を採取し、調査収集した図像作品も数万に及んでいる。また、数十名の執筆者の協力のもと、日本の常用ことわざ300個と世界の25言語のことわざを比較した『世界ことわざ比較辞典』の編集に携わり、10年を要して2020年の春に刊行した。

さて、本書の概要を紹介したい。膨大な数の世界のことわざをたった1冊の新書にまとめるわけだから、まずは掲載することわざを厳選しなければならない。自分にとって新鮮で興味を惹くものにしたいと考えたが、これではあまりに主観的なので、一応の基準を設けることにした。そこで、長らくことわざに関連する骨董品やガラクタを集めてきた経験から、骨董品の評価法に準じた。骨董品の価値は、第一に古いこと。第二がレアなことだ。これに世界のことわざを対象とする本書の特性を加味し、出来るだけ世界の広い範囲からピックアップすることを第三の基準とした。

第一の基準「古いこと」の範囲には、古代のことわざ類が相当する。メソポタミア文明のシュメール、古代ギリシア・ローマなど、数千年の歴史を持つことわざを選んだ。この例として「**不倫のマラは不倫のホトに与えられる**（シュメール）」「**おまえは自分の頭上に月を引き下ろす**（古代ギリシア）」などが挙げられる。

第二の基準は「レアなこと」である。骨董品の世界には「珍品」という表現があり、そうした作品は垂涎の的になる。ことわざの世界で「珍品」の概念に相当するものは、希少性の観点から馴染みのない言語や地域のものになるだろう。一般には知られてない民族も少なくなく、これまで十分に調査・研究もなされていない言語のことわざも世界には多くあるのだ。ここには「**心臓を奪われたら心臓を奪い返せ**（**パプアニューギニア・エンガ族**）」「**アンデスに昇るコンドルを真似るな**（**チリ・マプチェ族**）」が該当する

第三の基準は「広い範囲からピックアップ」だ。今回メインに取り上げたことわざは１１１個だが、片寄りのないように90余の言語・地域から選んである。この方法は骨董品の世界ではあり得ない、文献に基づいたことわざならではのやり方だろう。

以上の基準に加えて、筆者も初めて知ったもの、言い回しにインパクトが感じられるもの、表現のおもしろいもの、たとえが絶妙なものを重視した。「**空が落ちてきたら皆に青い帽子ができる**（**オランダ、ベルギー**）」「**うんこした奴は逃げ、おならした奴だけ捕まる**（**朝鮮語**）」などがこれにあたる。

こうした基準に基づいてつくられた本書は、さながら「極レアな世界のことわざアンソロジー」といえるだろう。

これまで研究の一環で外国のことわざ辞典などは読んできたものの、単独で世界のことわざを対象にしたのは本書が初となる。本書の執筆は、未知の新しいことわざとの出会いや、各地の先住民の存在を知ることができた、極めて刺激的な紙上の世界の旅となった。

読者の皆様にも、めくるめく「ことわざ世界旅行」を楽しんでもらえたら幸いだ。

たぶん一生使わない？
異国のことわざ111

●目次

001

カボチャを被って豚小屋に入る

韓国

自分から危険な目にあうことのたとえで、日本の「飛んで火に入る夏の虫」にあたる。人が頭にカボチャを被って豚小屋へ入ったらどうなるだろうか。じつはカボチャは豚の好物だそうで、豚には「棚からぼたもち」になってしまう。カボチャだけならまだしも、下手をすれば頭までかじられかねない。ちなみに、実際に２０１２年にアメリカの69歳の男性と２０１９年にロシアの56歳の女性が豚に食べられてしまったそうだ。どちらも豚にエサをやっている最中のことだと推測されている。こうした例を知ると、このことわざの印象もかなり変わってくるのではないだろうか。

同義のことわざを世界で探してみると、意外にも日本のものに類した例が多くある。「蚊はロウソクの周りを飛んで身を焦がす（ドイツ）」「飛ぶ蛾が火に飛び込む（中国）」「火遊びするハエは炎に焼かれる（英語）」「羽アリが火に入るが如し（インドネシア）」など。その他は「シロアリが焚火に飛び込む（タイ）」「蝶のようにロウソクに身を焼く（フランス）」などの昆虫もいる。変わり種では「オオカミに告白するヒツジは愚か者（スペイン、ポルトガル、メキシコ）」「火薬を担いで火の中に入る（韓国）」がある。

002

水の中の月を掬う

中国

苦労ばかり多く、満足な成果が得られないことを指す。

日本のことわざでは「**骨折り損の草臥《くたび》れ儲け**」に相当する。また、実現がかなわぬ大望を抱くことのたとえともなる。

サルが水面に映った月を手に取ろうとして失敗におわったことからいうもの。『摩訶僧祇律《まかそうぎりつ》』という仏教教団の規律集にある話に由来する。

日本では「**猿猴《えんこう》が月**」「**猿猴捉月《そくげつ》**」などといい、平安時代から見られる古い言い回し。これにちなんだ絵画作品も、室町時代より近代まで大変多く描かれ続けてきた。ことわざも絵画も現代ではほとんど消えかかっているものの、消滅はしていない。また、鎧・小柄・書棚・硯箱《すずりばこ》・目貫《めぬき》・茶釜など多種の物品にも装飾として描かれており、作品の数では絵画に優るものがある。おそらく、日本のことわざのなかではもっともことば以外の作品が多いと思われるひとつだ。なかでも珍しい傑作が、安土桃山時代の鎧に施された、手長猿がひときわ長い手を三日月に差し出しているものだ。

003 うんこした奴は逃げ、おならした奴だけ捕まる

朝鮮語

大罪を犯したものは罰せられず、微罪《びざい》の者が罰を受けることのたとえ。

まったくもって理不尽な話だが、じつは昔からよくあることだ。たとえば、外国を侵略して支配下においた者は英雄として崇められるが、万引きは立派な犯罪として処罰の対象になることもあった。

古くは中国の荘子に「**鉤《かぎ》を盗む者は誅せられ、国を盗む者は諸侯となる**」とある。鉤は帯をとめる金具。鉤を盗むようなこそ泥が処罰され、国を盗むような大泥棒は支配者になるというものだ。日本でも「**国を盗む者は王となり、鉤を盗む者は賊となる**」といわれた。類例は他にもある。「**米食った犬が叩かれず糠食った犬が叩かれる**」や「**皿なめた猫が科《とが》を負う**」など。後者の説明をすると、先に皿にあった食い物を食った猫は逃げてしまい、あとからきて皿をなめただけの猫が罰を受けるというものだ。

こうしてみると、うんこやおならは可愛い部類だ。

004 蛇の口に手を入れるな

フィリピン

ヘビが口を開けていても手を入れればかまれるだろう。つまり、危険性のあることは控えるべきということ。

日本のことわざでは「君子危うきに近寄らず」に相当する。同じフィリピンでは「燃えさしを手づかみにするな」ともある。こちらの方が蛇の口よりずっと現実的だ。英語では「賢者は危険を避ける」といっているがあまり工夫がない。これの対極の位置から見た「馬鹿は天使が恐れて入らないところに踏み込む（英語）」になると、俄然おもしろみがます。ことわざには意外性やひとひねりが大事なポイントなのだ。他には、自分の首で試してみる「首で罠を試すな（カンボジア）」、これも怖い行動だ。動物が登場する「ハイエナの相撲を山羊は見物に行かない（セネガル）」も意表をついている。ヨーロッパでは「海を讃えるのはいいが、陸にとどまれ」が広域にみられ、ロシアにも「海がよいのは岸辺からだ」とある。

005

井戸と喧嘩して渇きで死ぬ

インドネシア　マレーシア

権力者に抗っても勝ち目はないことのたとえ。ここの井戸は権力者や生命の比喩。井戸（飲用水）がなければ人は生きてはいけない。いわば井戸は生殺与奪の権を握る存在。たとえ水質がよくないなどの不平があっても、文句をつけることはできない。その界隈には他に井戸はないのだから……。日本の「**泣く子と地頭には勝てぬ**」「**長いものには巻かれろ**」「**弱肉強食**」にあたる。

古代から権力者には厳しい眼差しが注がれ、「**大泥棒がこそ泥を追いかける**（古代ギリシア）」といわれた。大泥棒は権力者。自然界でも食物連鎖のごとき「**大魚は小魚を食う**」はヨーロッパ各地やロシア、トルコ、中国など広範に認められる。なかには「**大きい虫が小さい虫を食らう**（チベット）」のような虫の例もあった。「**麦ワラのような君主でも、鋼鉄のような家臣を打ち負かし、食べてしまう**（フランス）」というように民衆は権力者には抗いがたい歴史や、「**権力のあるところに正義がある**（ルーマニア）」といった現実、さらには「**力あるものには降伏せよ**（英語）」との観念が下支えしていたからだろう。

006

天が落ちてくれば
人差し指では支えられない

インドネシア

天を権力者、人差し指を一般人に見立てたもので、権力の暴虐に抗することはできないとの意。日本のことわざの「**長いものには巻かれろ**」にあたる。

ことわざの世界では権力者に対してさまざまに評している。「**権力者の悪徳は美徳とみなされる（イギリス）**」では悪でも善にしてしまうし、「**権力者にとっては失敗でさえ手柄だ（インド）**」では強引そのもの。それもあってか民衆は力の強い象を権力者に見立てて「**象を避けることは恥ではない（ベトナム）**」と心得たり、「**主人には梨を投げるな（ポルトガル）**」と反抗はやめる。ポルトガル語で「梨を投げる」とは目上に逆らう意だそうだ。そのあげくに「**打ち負かせられないなら仲間になれ（英語）**」と屈服せざるを得なかったのだ。同義のことわざでもっとも広範に用いられているのが「**折れるより曲がれ**」で、西洋にいくつもみられる。徹底的にやっつけられるより妥協し、屈した方がましだとする力の弱い民衆の処世術といえるものだろう。いろいろある中で、権力者を広大な空に見立てるのはもっともスケールの大きな言い回しだ。

007

心臓を奪われたら心臓を奪い返せ

パプアニューギニア・エンガ族

報復を意味するパプアニューギニアの中央高地のエンガ州にあることわざ。ここに住むエンガ族は「山の人々」と呼ばれる。部族戦争での原則を表した表現ではあるが、実際の戦争では心臓を奪うことはしないという。

日本で同じ意味で知られるのが「**目には目、歯には歯**」だろう。ただし、これは外国から入ってきたもので、古代バビロニアの世界最古の法典である「ハンムラビ法典」に由来するものだ。『旧約聖書』や『新約聖書』にも「目には目」の言い回しは用いられていたものの、こちらは復讐ではなく償いのものへと意味が変わっていた。しかし、この聖書の意味は日本では広まらなかった。

ところで、復讐として心臓と目のどちらがすさまじいだろうか? 軽々には論じられないものの、心臓の場合は本人の肉体からとりだす行為が伴う分、激しさが勝っているといえようか。なお、江戸時代の日本では卑劣な手段で復讐をはたす「**犬の糞で敵を討つ**」とか、筋違いのことで仕返しをする「**江戸の敵を長崎で討つ**」がある程度だから、激烈さかげんで遠く及ばない。

008 海の塩と山のタマリンドが鍋の中で出会う

インドネシア　マレーシア

タマリンドはマメ科の常緑高木で果実は食用となる。実は7～15㎝ほどの枝豆を大きくした形で、栄養価が高く整腸作用もある。

このことわざは、広い海のものと山のものが狭い鍋の中で出会うということから、縁の不思議な結びつきをいう。日本の「**縁は異なもの味なもの**」に相当する。インドネシアにはこれによく似た「**陸のタマリンドと海の魚が鍋の中で出会う**」との言い回しもあるので、比較的よく知られたことわざであるのかもしれない。

縁結びの不思議さをいうことわざは、「**結婚は天で決められる**」との言い回しが西洋を主に広くみられる。他の例となると、「**結婚と埋葬用の白布は天から降りてくる**（**スペイン、メキシコ**）」とか「**道端の石も縁あってこそ蹴る**（韓国）」が見られる。なお、日本にも韓国のものに近い「**つまずく石も縁の端**」があり、両者の関連性がうかがわれるようだ。

009 鮫は思いどおりにならない時に嚙む

フィジー

フィジーは南太平洋、オセアニアの多数の島からなる群島国家。300余の火山とサンゴ礁からなる珍しい地形を持つ。

意味は、普段静かな人は正義ではないことが生じた場合に怒りをあらわにするということ。意外なことに獰猛なイメージがある鮫が物静かな人物にたとえられている。人間には無害な鮫は多いから無関係ではないのかもしれない。巨大な鮫が人を襲う事例は話として有名だが、実際にもオスがメスを嚙み、岩などに押し付けて交尾をする種類もあるという。このような鮫の行動様式からこのことわざが発想されたのかもしれない。なお、世界のことわざで鮫が出てくる例は珍しく、他には「**海夫が鮫を恐れたのでは、よい真珠は取れない**（ペルシア語）」などがある。

他方、「**吠えない犬と静かな流れに気をつけよ**（英語）」とか「**がまん強い人の怒りに気をつけよ**（英語）」とのことわざには、表面が穏やかな人の内面こそ警戒せよとの意があるので、こちらに案外近いのかもしれない。

ハワイ

010 カヌーは外海より内海の波で沈む

禍《わざわい》は遠縁よりも身内で起こるということ。

カヌーは主に北米、太平洋諸島、東アジア、アフリカなどにみられるパドルで水をかいて前進させる舟を指すが、厳密な定義はないのだそうだ。ここでは手漕ぎの丸木舟のような類を想定してよいだろう。

小型船であれば波の影響は大型船より強く受ける。また、一般に外海は内海より波は高く航行の危険性も大きい。しかし、ここでは反対の表現になっている。ここには自然の条件以外の要素があるからだろう。日本には「**磯際で船を破《わ》る**」「**湊口で難船**」ということわざがある。船が港近くまできて難破することをいう。本来なら港は安全地帯のはずだが、乗り手の心持ちになんらかの油断が生まれるのかもしれない。

とにかく破綻は内部から起こりやすく「**禍は内より起こる**」と心する必要があるということだろう。

011

ビンロウヤシの実の好きな人はタウングーに送れ

ミャンマー

ビンロウヤシはヤシ科の植物で、種はカミタバコのように嗜好品として利用する。タウングーはミャンマー中部の地方都市であり、良質なビンロウヤシを産出する。したがって、ビンロウヤシを好む者はその地に行って関連する仕事に携わるのがよいということ。好きな仕事につければ本人の励みになり才能が伸ばせ、能力も発揮できるからだ。日本の「**好きこそものの上手なれ**」に相当する。

東南アジアではビンロウの実を削ったものと石灰をコショウ科のキンマの葉でくるんでガムのように嚙む習慣があり、これをキンマ嚙みという。キンマへのトッピングとして振り掛けるスパイスは多種あり、それぞれ個性的。味は多様ながら甘味のものは甘いだけでなく清涼感もあり、ガムのようだという。これを商う店も多くあるので立派な産業になっている。

012

スカートは長過ぎ、上着は丈足らず

ラオス

ラオスは東南アジアの内陸国。首都のビエンチャンは「世界一なにもない首都」と呼ばれる東南アジアの秘境。２０１６年にニューヨーク・タイムズで「世界でもっとも行きたい国」の第一位に選ばれた。その魅力は「ゆるやかな空気」なのだそうだ。

この国のスカートはシンと呼ばれる巻スカートで女性用。素材は手織りの綿かシルクで現在も使われている。上着はスアと呼ばれる。

ことわざの意味は、ひとつのことはやり過ぎになり、もうひとつは不十分だということ。スカートの長さと上着の丈がちょうどよくなければ衣服として欠陥品だからだろう。

日本のことわざの「**帯に短し、たすきに長し**」に近いものがあるが、少し違う。ラオスのものがスカートと上着の２つのものに対して言っているのに、日本のものが１つのものに対しているからだ。日本のものにより近い外国のことわざとしては、「**服には足りずズボンには余る**（**台湾**）」があり、動物にたとえたものとして「**猫には広すぎ犬には狭すぎる**（**ロシア**）」がある。

013

他人の鼻で息をする

ラオス

他人を頼ったり都合よく利用したりして生きることのたとえ。日本の「**人のフンドシで相撲を取る**」にあたる。

これに類する意味合いのことわざは大変多い。日本では他にも「**人の提灯で明かりを取る**」「**他人の念仏で極楽詣り**」「**人の太刀で功名する**」「**人の牛蒡で法事する**」「**舅《しゅうと》の酒で相婿《あいむこ》もてなす**」などがある。外国にも「**他人の餅で正月を過ごす**（朝鮮）」「**花を借りて仏に供える**（中国）」「**他人の手でうじ虫をつかむのは結構なこと**（ウクライナ）」「**他人のパンで親の追善供養《ついぜんくよう》をする**（ブルガリア）」「**他人の帽子を使ってお辞儀をする**（ポルトガル）」「**人の薪で盛んに火を燃やす**（フランス）」「**他人の支払いで酒を飲むのが一番**（英語）」「**他人の革からは幅の広いひもが取れる**（デンマーク）」など。

このように多様な言い回しがある中でも、自分の呼吸を他人の鼻で代行するというのは突き抜けて突飛な例だ。なお、タイにも「**他人の鼻を借りて息をする**」とあるから、ラオスとの関連性がうかがえる。

014

仏像の背中に金箔を貼る

タイ

人が見ていないところでよい行いをすること。日本語では「**縁の下の力持ち**」に相当する。もっとも、日本語のものは明治時代までは無駄なことをするという意だったが……。

仏像は金属の他、木・粘土・石などを材料として漆を施したり、金箔を貼ったりしてつくられる。仏教国タイの仏像は金箔が貼られるタイプだ。タイ人は寺にお参りするときに、花や線香の他に仏像に金箔を貼る習慣があり、この習慣に基づくもの。貼る箇所の多くは、頭（聡明で記憶力が優れる）、顔（商売繁盛）、胸（人から愛される）、臍《へそ》（人に支えられる）、手（権威があり、人に尊敬される）、足（住まいや乗り物に困らず裕福）の6つの部位になる。いわば前面ばかりになり、裏側（背中）には貼られないことになるので、仏像としては欠陥品になる。

このことわざは1963年にプーミポン国王がチュラーロンコーン大学の卒業式での講話で引用したという。これを知り、筆者は1964年の東大卒業式での大河内総長の「肥った豚よりも痩せたソクラテスになれ」との名言を思い出した。

015

棍棒を持つ者、水牛の主

インド・ヒンディー語

力のある者が勝つという意味で、西欧に広くある「**力は正義**」のインド版。日本の「**勝てば官軍**」に近いところがあるものの、ニュアンスは少し違う。日本の場合は勝ったものが正しいのであって、直接的な力の多寡は関係ないからだ。

そもそも、これはインドの昔話に由来している。水牛を連れた農夫が家路の途中で盗賊にでくわしてしまう。盗賊に棍棒で脅され水牛を奪われてしまう。仕方なく、農夫は杖代わりとして盗賊の棍棒をせがんだところ、渡してくれた。武器の棍棒を手にした農夫は泥棒に逆襲し水牛を取り返したという話だ。

水牛はアジアに全体の95％が生息し、その中でインドが最大。インドネシアでは「生きたトラクター」と呼ばれ、水田耕作での有用な労働力であり、牛より飼育しやすく経済的にも優れている。フィリピンでは国の動物とみなされていることから推測できるように、農民にとって大事な家畜であり財産でもあるのだ。

なお、ヒンディー語はインドで最大の話者人口を持つ。

016

牛乳の川を前にしても犬は一舐めすることしか考えない

インド・タミル語

「15マイルごとに方言が変わり、25マイルごとにカレーの味が変わる。100マイルごとに言語が変わる」とは、インドの言語の多さを表現する言い回しだそうだ。2011年の時点で話者が100万人以上の言語は31もあり、いくつかは消えてしまったものの、461もの言語があるというのだから、日本人には想像すらできない世界だ。タミル語はヒンディー語、ベンガル語、テルグ語、マラーティー語に次いでインドの言語のうち第5位の話者人口のもの。タミル語を話すタミル人は主に南インドのタミル・ナードゥ州やスリランカの北部と東部に住んでいる。

ことわざの意味は、どんなに豊富にあるものでもうまく利用したりできなければ、大した意味はないということ。

一匹の犬の前に牛乳が川となっていても、犬にとってはその時の腹の足しになればよく、それ以上は望まない。犬には保存したり、なにか別のものをつくったりするような考えはない。犬の場合ではそれで済むだろうが、人ではそうはいかない。ものを応用する力に欠け、臨機応変な対応力がない役立たずと見なされてしまうかもしれない。

017 五と三があれば無学な少女でも料理ができる

インド・タミル語

読んだだけではなんのことだかさっぱりわからない。でも、五が胡椒、塩、芥子、クミン、タマリンドの5つ。三が水、火、燃料の3つだとわかれば見当もつこう。そう、料理に必要なすべてのもののことをいうのだ。少し補足すると、クミンはカレー風味のスパイスで、タマリンドはフルーツの一種でカレーの調味料に使われる。

したがって、意味は何事でも必要とするすべての条件が揃えばことを為すのはたやすいということ。逆にその条件を揃えるのは容易ではない。たとえば家の建築を考えてみよう。設計士、大工などの職人、各種資材、現場監督などの全体の調整や指揮者がいるだろう。とくにいい家をつくるとなれば、いい材料やいい職人が必要なのは言うまでもあるまい。何事も、いいものをつくるには相応の準備がいるのだ。日本の「**備えあれば憂いなし**」に重なるものの、インドの方が意外性や奥行きがあっておもしろい。

018 クマンバチの巣に石を投げる

スリランカ

上を下への大騒ぎとなる意。

現在、日本で知られた言い回しでは「蜂の巣をつっついたよう」にあたるが、日本語にはもっとぴったりな表現がある。「蜂の巣につぶてを打ちつけたよう」「蜂の巣に鎌」というもので、つぶてを投げつけたり、鎌を打ちこんだりするものだ。

異なるのは蜂の種類だろう。確かな根拠はないものの、日本のものは恐らくアシナガバチと考えられる。地域差があるかもしれないが、筆者が子どもの頃に住んでいた千葉県の南部では、蜂といえばアシナガバチと蜜蜂がほとんどで、いたずら小僧たちが蜂の巣をつっつく悪さをして遊んだものだった。クマンバチはめったにお目にかかれず、巣がどのようものであったか知らなかったが、木材の中に掘ってつくるもののようだ。

なお、スリランカはインドの南東の海峡を隔てた国で、かつてはセイロンと呼ばれ、現在も紅茶のセイロンティーが有名だ。

019

マングース殺して後悔

ネパール

日本の「**後悔先に立たず**」と同義で、後で悔やんでも仕方のないことを意味する。

これはインドの説話集『パンチャタントラ』にある話に基づいている。飼っていたマングースに赤ん坊の見張りをさせて外出した主人が家に戻ると、マングースの口に血がついているのに気づいた。赤ん坊を噛んだと思い込んでしまった主人はマングースを殺してしまう。しかし、口についた血は赤ん坊を狙った蛇を噛み殺した跡だとわかり、後悔するも手遅れだったというもの。

マングースは食肉目マングース科の雑食の哺乳類で、インド、東南アジアなどに分布する。ネコイタチともいう。日本では沖縄にハブの駆除のために導入されたことが知られる。ところが肝心のハブ退治には役立たず、反対に絶滅危惧種のヤンバルクイナやアマミノクロウサギを食っていたことがのちに判明した。ハブが夜行性であるのに対してマングースは昼行性であったため、いわばすれ違いとなり、出くわす機会自体が少なかったからだという。そのため今度は導入した人間によってマングースが駆除されることとなった。なんとも皮肉な話だ。

Column 1
ことわざによることわざの世界

ことわざにはとてもユニークな特徴がある。ことわざによってことわざを批評したり、自己分析をしたりする表現が多くあることだ。ここでは、いわばことわざによることわざ論を概観してみたい。

日本のものでいえば「譬えに嘘なし坊主に毛なし」「昔から諺《ことわざ》に外れたものはない」などだが、世界中にも多くあるため、理解しやすいように内容から分類することにしたい。

- 諺の永遠性：○古い諺は永久に朽ちない（リトアニア）○時は過ぎ去るが諺は残る（ヒンディー語）○百年以上生きる人はいないが、千年を経た言葉はある（モンゴル）
- 諺は神の声：○諺は民衆の声、従って神の声（イギリス）○諺は神の声（スペイン）
- 諺は真実：○一粒の真実のない諺はない（ロシア）○諺は真実の言葉（ドイツ）
- 諺に嘘はない：○諺は嘘をつかず、空っぽのパイプに火はつかず（エストニア）○古い諺に嘘はない（バスク語）○諺は欺かず、天は落ちてこない（ドイツ）
- 諺の価値：○会話の中の諺は闇の中の明かり（ボスニア・ヘルツェゴビナ）○諺は道

端の金言（ギリシア）◯どの諺にも何か得るものがある（アラブ）◯諺の中身は黄金（エストニア）◯諺は話のスープ（ナイジェリア・イボ族）

・諺の力：◯諺を知る賢者は難事をさばく（ナイジェリアのヨルバ族）◯人の一生は諺の上に打ちたてられる（ヘブライ語）◯精神の力は哲学の中より諺の中にある（イギリス）◯諺があれば一つの都市でも支配できる（スペイン）

・諺は知恵：◯諺は一人の才知、万人の知恵（イギリス）◯諺は人々の知恵（ロシア）

・諺は経験：◯諺は毎日の経験の娘（オランダ）◯諺は経験のこだま（スイス）

・言葉の飾り：◯男の飾りは髭、話の飾りは諺（中国・ウイグル族）◯諺は言葉の飾り立て（ペルシア語）◯あらゆる諺は気取っている（オランダ）◯諺は話の飾り（ペルシア語）

・諺の内実：◯諺は互いに闘い合う（スイス）◯二重の意味をもたない諺はない（ケニア・ナンディ族）◯諺は人の思いをいう（スウェーデン）

・諺の多面性：◯貧しい男の作った諺は広まらない（ガーナ）◯皇帝の言葉が諺（スラブ）◯諺は蝶に似ている。蝶を何匹か捕らえても、他のは飛んで行く（ドイツ）

・諺の地域性：◯樹皮は他の木にはつけられない（タンザニア・マサイ族）

020

妾の鍋は大きい

ネパール

他人のものはよく見えることのたとえ。妾がつくった鍋料理がうまく、量も多そうに見えるということから言う。

日本の「**隣の花は赤い**」に相当するが、現代は外来の「**隣の芝生は青い**」に凌駕されている。アメリカやヨーロッパでは芝生版が広く見られるが、他の地域ではいろいろなものにたとえている。動物では馬・鶏・山羊・牛、植物ではリンゴ・さくらんぼ・花・ユリ、食物にはパイ・食べ物・餅・豆、さらに山とか畑になぞらえたものもあり、非常に多様。いろいろあるなかでは「**隣の家の百合の香は香ばしい**（インド・タミル語）」「**外国のお月様は丸い**（台湾）」程度であれば微笑ましいが、他人の妻になると穏やかではなくなる。「**他人の鴨は鵞鳥《がちょう》、他人の妻は処女**（キルギス）」「**他人の鶏は鵞鳥、他人の妻は美人**（トルクメニスタン）」「**きれいな奥さん、他人の妻**（セルビア）」「**家の花は野の花**（妻）**ほど匂わない**（中国）」など、男のさもしさがうかがえるようだ。ちょっと毛色の変わった「**嫁入り前の妻が美しい、殺す前の狐がきれい**（モンゴル）」もあり、バリエーションに驚かされる。

ネパール

021 女心はバナナの葉

女心は変わりやすいことのたとえ。バナナの葉にたとえられるのは、葉っぱが大きく、風に吹かれると大きく揺れるからだという。

似た意味のものでもっとも古いものが古代ギリシアの「**女には、変わりやすい海のような性質がある**」だ。じつに2500年以上も昔にあったもの。「**女、風、天気と運はすぐ変わる**（スペイン）」のように女心を天気になぞらえたものが数の上では主流であるものの、その他に種々のものにたとえられている。数あるなかでいちばん誇張度合が高いのが「**女は暖炉から飛び降りる間に七十七回考えを変える**（ロシア）」だろう。同じ変わりやすさでも「**女の愛とバラの花弁は四月の天気のように変わる**（ドイツ）」であれば、美しい変化ともいえるだろう。なお、日本では古くは女でなく男についていい、かつては「**夫の心と川の瀬は一夜に変る**」「**男の心と秋の空は一夜に七度変る**」などといった。男版を世界レベルでみると「**男の心は季節のように変る**（英語）」しか見つけていない。

022 猿の尾は杖にも武器にもならぬ

ネパール

どうにも扱いかねることとか、なんの取り柄もないことをたとえる。日本の「箸にも棒にもかからぬ」にあたる。これにサルの尻尾が該当するということだが、もちろん、それは人間にとってのこと。サルにとって尻尾はいろいろに役に立っている。クモザルのようなオナガザルでは、ぶら下がる、餌をつかむなど第5の手足の機能がある。変わった尻尾の使い方をするのがカバで、オスが縄張り宣言する際に糞をまき散らす「まき糞」は尻尾を振って周囲にまき散らすのだそうだ。他にも虫を追い払うために尻尾を使う動物は多い。ことによるとサルにとっての尻尾は杖や武器にだって使えるのかも知れない。

同義の外国のことわざは少ないが、「曲がった錐《きり》（韓国）」「立っていれば樹木、横になれば死人（台湾）」「火のない火炉《かろ》（韓国）」は比喩としておもしろい。変わったものでは「学芸では落第生、武芸ではへなちょこ兵士（台湾）」は、まるで文武両道の反対になるものだ。

023

獅子の乳を搾りたければ獅子と戦う勇気がいる

チベット

同様な意味となる日本のことわざには「危ない所に登らなければ熟柿《じゅくし》は食えぬ」「枝先に行かねば熟柿は食えぬ」「危ない橋も一度は渡れ」「旨いことは骨にある」などがある。これの動物版ともいえる中国由来の「虎穴に入らずんば虎児を得ず」がもっとも有名だ。意味は、危険を冒して大胆にやらねば大きな成果は得られないということ。

これが外国のものになるとさらに多様さが増す。「蜂蜜を取りたい者は刺されるのを覚悟しなければならない」は南アフリカにあるが、類似の蜂蜜のものは西欧や他のアフリカ地域に広くある。抽象的な表現の「何の危険も冒さぬ者は何も得るものなし（フランス）」なども広範にある。その他、危険度の高そうなものが「狼が怖くてはキノコにもありつけぬ（ウクライナ）」。珍しいのが「バラを摘もうとする者は棘を恐れてはいけない、美しい妻を持つ者は角をおそれてはいけない（英語）」で、ここの角は妻を寝取られた夫が生やす嫉妬の角だそうだ。

024 酒のお礼に水

チベット

受けた恩に対して逆に仇で返すことのたとえ。おなじくチベットには「**恩人の肩を石で叩き、酒のお礼に水を返す**」という、もっとわかりやすい言い方もある。

「**酒買って尻切られる**」という日本のことわざに少し似たところがあるが偶然だろう。同義の日本語のものには「**飼い犬に手をくわれる**」「**ひさし貸して母屋取られる**」もある。

恩知らずな恥ずべき行為は世界中に存在すると見え、各地でさまざまに表現されている。もっとも古いのが古代ギリシアで「**懐で毒蛇を暖める**」とあり、のちに西欧に受け継がれた。この他に「**蹄鉄《ていてつ》をつけてやったラバに蹴られる**（ジョージア）」「**猫が飼い主にニャーゴ**（インド）」（ニャーゴの鳴き声は主に刃向う意がある）「**大事にすると頭の上まで上がってくる**（キルギス）」など、どれもうれしいものではないが、なかでも「**家でご飯を食べ屋根で糞をする**（タイ）」は許しがたいし、「**フィーリヤの家に呼ばれて行って飲んで、フィーリヤを殺した**（ロシア）」にいたっては言葉に窮する。

025

苦労はお前の、金なら俺の

モンゴル

嫌なことは他人に押しつけ、自分はいいとこ取りをする自分勝手な振る舞いのたとえ。日本の「**我田引水**」「**我が田へ水を引く**」にあたる。

世の中は広く、いろいろな人がいるから、なかにはエゴ丸出しの輩もいよう。この手の人は世界中にはびこっていると見え、世界中いたるところに同義のことわざがある。もっとも多いのが水車（場）にたとえたもので、「**誰でも自分の水車に水を引く**（イタリア）」があり、その類例は西欧・東欧の12言語に及ぶ。東洋に目を向けると「**養分ある水は他人の畑へ流すまい**（中国）」などがある。日本と同じものが韓国にあり、「田」が使われている。その他の地域では「**だれもが自分に合わせて外套を断つ**（カザフスタン）」「**わが菓子を焼くために火を集める**（アラビア語）」がある。同じエゴでも「**自分の庭だけ草取りする**（インドネシア）」「**人はみな自分の眼鏡でものを見る**（スウェーデン）」程度のことであれば、実害はさほどではないかもしれない。

026 羊の肉は熱いがよい

モンゴル

肉料理は熱いうちに食べるのが美味しいから時間を置かずさっさと食べよとの意。日本のことわざでは**「善は急げ」**にあたる。

モンゴル人が食べる肉は羊の肉が中心で、茹でる、煮る、蒸すなどして食す。どれでも冷めてしまえば当然まずくなる。日本には**「熱いがご馳走」**ということわざもある。揚げたてなどアツアツのうちに食べてこそ美味しいものは和食にも多い。その意味では「善は急げ」より、こっちの方が近いといえる。

ところで「善は急げ」の観点から世界のことわざを覗いてみると、**「早く受けた恩恵は心に最もしみる（古代ギリシア）」「早く与える者は二倍与える（ラテン語）」**など、かなり抽象的であり、その影響を受けてヨーロッパではほとんど同じような言い回しが多く見られる。やや毛色の変わったものには**「水が流れているうちに壺を満たすべし（トルコ）」「魚はいつ釣っても新鮮だ（アルメニア、ペルシア語）」「潮が満ちたら急いで水を汲め（タイ）」**がある。

027

クジャクが森で踊っても だれが見る

パキスタン

インドクジャクは低木が散在するなだらかで開けた地に棲む。雄は雌への求愛行動として、飾り羽を広げる。このことわざは、クジャクが木々の密生する森で求愛しても雌はいないから意味をなさないということ。

日本のことわざでは「**縁の下の舞**」に相当する。これは、人から見えない縁の下で踊っても無駄だということ。なお、このことわざは現存する上方系統のいろはカルタに多くの絵がある。

クジャクはインドでは国鳥。仏教でも孔雀明王として神格化されるもっとも気高い鳥だ。チベットには「**高い雪山は陽で溶けることなくクジャクは毒で死ぬことはない**」とすることわざがあり、クジャクが蛇の毒に勝つように、心と力の強い者はいかなる障害にも屈しないとして高く評価する。他方、中米のジャマイカには「**クジャクは羽のことを聞かれた時は脚を隠す**」がある。脚が美しくないことから、弱点を隠すことのようだ。

江戸時代の大坂ではクジャクを見ながら茶が飲める孔雀茶屋があったという。クジャクからすれば、茶屋で踊らされるよりは、森で1人で踊った方がマシかもしれない。

028

他人の火は雪より冷たい

アフガニスタン・パシュトー語

他人が災難に遭遇していても当人でなければ苦痛は感じないことのたとえ。日本の「人の痛さは三年でも辛抱する」「人の痛いのは百年も堪える」に相当する。

アフガニスタンは南にパキスタン、西にイランに接する多民族からなる内陸国。日本には2001年のアフガニスタン戦争から内戦・テロの情報がメディアを通して頻繁に報じられるようになったが、それ以前は馴染みの薄い国であった。この20年の間にニュースの傍らで文化なども紹介され、ことわざも知られるようになった。

アフガニスタンのことわざは「民族の軽便な言語的宝典」と言われるほど高い評価がある。以下に主なものを紹介したい。「狼の子は狼（蛙の子は蛙）」「ロバにコーランを読む（馬の耳に念仏）」「二つのスイカは一つの手では持てぬ（虻蜂《あぶはち》取らず）」「雨から逃れて放水路に落ちる（一難去ってまた一難）」「屠殺者が多いと牛が腐る（船頭多くして船山に登る）」「雌牛は色は黒いが乳は白い（人は見掛けによらぬ）」。この他、「友人には真実を、敵にはほらを吹け」（敵に弱点をさらすなの意）や、「ラクダは橋の下には隠されぬ」（隠し事はバレるの意）など、風土性がにじむものも見られる。

029

太陽は同じように照らすが同じようには暖めぬ

タジキスタン

この世には貧富の差が存在するということ。

タジキスタンは中央アジアの国で南にアフガニスタン、東に中国、西にウズベキスタンに隣接する。国土の9割以上が山であり、なんとその半分が標高2000メートルを越す山国なのだ。

「太陽はすべてのものを一様に照らす（イギリス）」というように、太陽は地球上のどこでもまんべんなく照らす。また**「太陽が昇るときは万人のために昇る（アルバニア）」**ともあり、世界中の人々に恩恵をもたらしてくれるのが太陽だ。他方、恵みを受ける人間側には、陽光を十分すぎるくらいに浴びれる者もあれば陽の射さない場所、陽の届かない粗末な家屋に住む者などいろいろある。陽光の恵みにあずかれない者は暖かくはならないことになる。

人間社会のいたる所にある貧富というものを太陽の光にたとえ、誰でも実感できる言い回しとなっている。

030

ラクダが身震いするとラバの上に荷が落ちる

ウズベキスタン

被害を受けるのは立場が弱い者だということのたとえ。

ラバは雄ロバと雌ウマの間に産まれた雑種。ウマより小形ながら強健で忍耐力もあり、粗食に耐える。ことわざが表現する情景は、ラクダが体を震わせると積んでいた荷物が隣にいるラバの体の上に落ちるというものだろう。

ラクダは平均的な体高（足元から肩までの高さ）が1・8〜2mでラバ（1・6m前後）より大きいので、低い方に落ちてくるわけだ。

中央アジアに位置するウズベキスタンは、海に出るために国を2つ越えなければならない二重内陸国で、海に直結する川もない内陸国中の内陸国。降雨量は全国的に少なく、とくに少ない西部には砂漠が広がる。このような国土から物品の運搬は陸上に限られるので、その重要な運び屋の動物として、ラクダやラバがおおいに役立っていたであろうことは容易に想像できる。そうした風土や文化から生まれたことわざだ。

031

金を出せば王様の口ひげの上で太鼓が叩ける

イラン

この情景を想い描くとすれば、王様の顔の上で人が太鼓をたたいていることになる。いわば金の力で王様を踏みつけているわけだ。

日本での「地獄の沙汰も金次第」にあたる。意味は地獄での裁きでさえ金をだせばことが有利に運ぶということ。ひらたく言えば、どちらも金があればなんでもかんでもできてしまうことになる。

「金は死者をも生かす（ルーマニア）」「首に財布があれば誰も縛り首にならない（ポルトガル）」「文無しの魂は煉獄で痩せ衰えねばならない（英語）」「金があればアリでさえ踊る（中米・マヤ）」「金持ちには悪魔も子守りの手伝い（ロシア）」「金さえあれば仙女でも買える（ベトナム）」「銭あれば地獄の鬼に石臼を挽かせもできる（中国）」など世界中に激烈な言い回しがみられる。西欧には「金はすべてのドアを開ける（ベルギー）」「金の鍵はどんな扉でも開ける（ドイツ）」「金はすばらしいマスターキィ（フランス）」「銀の鍵は鉄の扉も開ける（英語）」などが多くある。古くは古代ギリシアに「黄金はすべてを、ハデスの門すら開く」とある。ハデスは地獄の神で、西欧版の先駆けだろう。

現在でも身に染みることわざだ。

032

サソリが刺すのは怨みからではない

ペルシア語

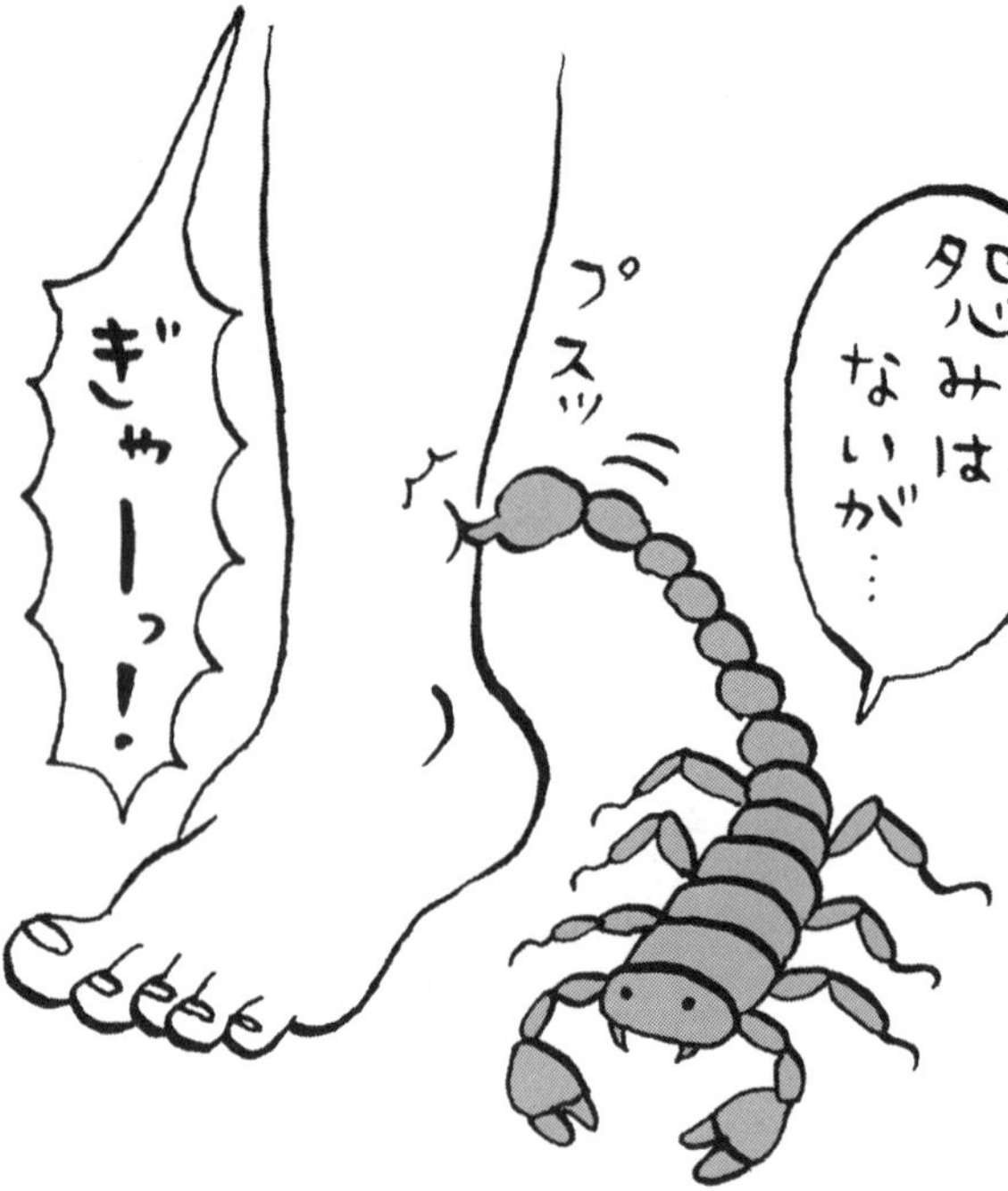

ペルシアはイランの古称。ペルシア語はイランの他にアフガニスタン、タジキスタンでも公用語のひとつとして使われている。響きの美しさから「東洋のフランス語」と称されるという。

このことわざが意味するところは、他人から迷惑行為を受けたり、損害を被ったりしても、それはその人の敵意によるのではなく、本性からでた場合もあるから、必ずしも非難されるべきものではないということ。

人を刺すサソリがその人に怨みを持っているはずはなく、刺すのはあくまでも自分の身を護るための防御だ。サソリは捕食のため昆虫などを捕える際に毒を用いるが、大型の動物に対してはさほどの効果はなく、防御のためのものでしかないそうだ。サソリは広く世界に分布し1000種類ほどいる。猛毒で有名であるものの、人体に致命的な毒を持つものは25種にすぎないのだそうだ。

とはいえ、このことわざは不正な行為を正当化してしまう可能性があるので、もし使う場合には十分な注意が必要だろう。なにぶん、人間には悪意という「魔が差す」ときもままあるので……。

033

男は川で女は水を集める湖

クルド語

トルコやイランなど8カ国にまたがって住むクルド人は、国を持たない世界最大の民族として知られる。中東ではアラブ人、トルコ人、イラン人についで人口が多い。近年はイラン・イラク戦争などにより膨大な難民が生み出されたり、化学兵器の使用で大勢の人が犠牲になったり、国際社会からも注目されている。

このことわざが意味するところは、男の性が奔流のように奔放であるのに対して、女の性が流れを集積する穏やかなものだということ。山岳地帯に住む民族なのでその辺りの川の流れは激しいのだろう。そして、流れの激しい川をそのまま受け入れてしまうのが湖だということだろうか。

想像の域を出ないが、川に動的で荒々しい男の性向・気性、湖に女の静的で包容性を連想したと思われるが、どうだろうか。

034 屋根はいつも貧乏人の頭に落ちてくる

オマーン

貧乏人は常々損な立場に置かれたり、ひどい目にあったりするということ。金持ちの立派な家は屋根が落ちることはなく、貧乏人の安い粗末な家だからこそ屋根が落ちるということなのだろう。

オマーンは中東のアラビア半島の東端に位置する国。同じイスラム圏にあるものでは「**金持ちは歌で迎えられ、貧しい者は石で迎えられる（アラビア語）**」というものもある。「**もっとも悪い霰《あられ》は、いつも貧乏人の畑に降る（ラトビア）**」も発想は同じだろう。日本にも「**四百四病《しひゃくしびょう》より貧の苦しみ**」や「**貧ほど辛いものはない**」がある。少しニュアンスは異なるが、「**富む者には雄鶏さえも卵を産み、貧しい者には雌鶏さえ産まず（フィンランド）**」や、「**サシチョウバエも貧乏ほど鋭くはない（ナイジェリア・ヨルバ族）**」もある。サシチョウバエとは蚊の仲間で動物を刺して血を吸うものの、それでも貧乏ほどの痛みはないというものだ。ともあれ、「**貧乏という重荷を背負うより、鉄や石を背負うほうがまだ軽い（アラビア語）**」というのだ。いつの世も貧乏はつらいということか。

035

天国でも独りは惨め

ユダヤ人

天国のようなどんなに素晴らしいところでもたった独りぼっちではこのうえなく悲惨だということ。

おなじくユダヤ人には「**天国でも独りはよくない**」との言い回しもあるように、他人の存在が大事だとする意のものだ。人間は一人では生きていけないから当然でもあるが……。とはいえ、「**エデンの園（天国の意）に阿呆といっしょにいるより地獄で賢人と共にいるほうがまし**」ということわざもある。おそらくどちらも正しいのだろう。

さて、日本ではどうだろうか。「**野中の一本杉**」は孤高を肯定しており、「**中流の砥柱《しちゅう》**」も激流のなかで揺れ動くことがない毅然とした姿勢を讃えていて、どちらも孤独に否定的な面は見られない。一方で、「**知らぬ仏より馴染みの鬼**」というように、親しみのあるものに好意を抱く面も根底にはある。

ユダヤには「**独りは人にあらず**」ということわざもある。本質的には人間は他人なくしては生きられない存在だからだろう。

036

生きているロバの方が死んだ哲学者より役に立つ

レバノン

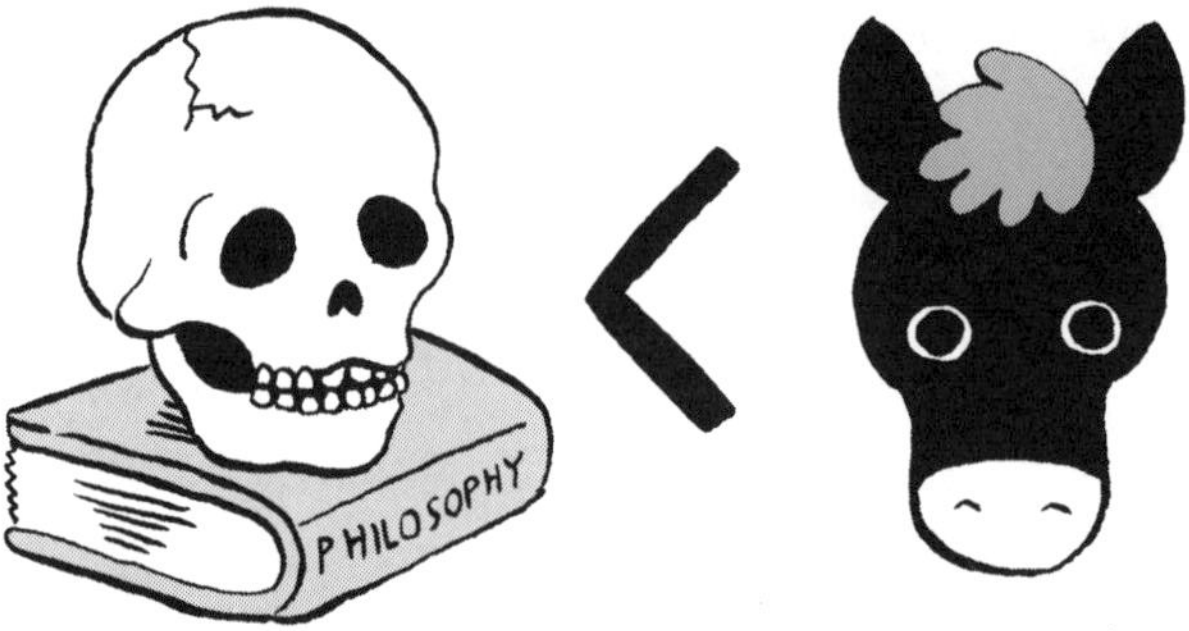

レバノンは中東のシリアとイスラエルに隣接する岐阜県ほどの小さな国。

人間は生きていてこそ意味があり、死んでしまったらおしまいだということ。日本のことわざでは「死んで花実は咲かぬ」「命あっての物種」が相当する。

生を肯定的に捉える代表的なことわざのひとつで、世界中に類似したものがある。古いものでは『旧約聖書』（コヘレトの言葉9：4）に「犬でも生きていれば死んだライオンよりまし」とある。この言い回しは、「生きている犬のほうが死んだライオンよりよい（ロシア）」のような前後が入れ替わったバリエーションを含め、のちにヨーロッパを主に広く伝わった。哲学者などの人間にたとえたものもいろいろある。日本にもかの『万葉集』（巻5）に「死にたる人は生ける鼠に及《し》かず」とあるし、「葬られた皇帝より生きている乞食がまし（英語）」「死んだ大先生より生きたロバ（イタリア）」「生きている犬が死んだ大臣よりまし（朝鮮語）」「生きている山犬は死んだ虎にまさる（アフガニスタン）」「生きているネズミは死んだ虎にまさる（キルギス）」とあり、さまざまな動物や人にたとえられている。

037

ロバをしっかり繋げ、後はアッラーに任せよ

トルコ

アッラーはイスラムの唯一神。意味は、やれることは全力でやり通し、あとは天命に任せるということ。

日本や中国でいう「**人事を尽くして天命を待つ**」に相当する。西欧では「**人が事を計り神が事をなす**（**オランダ**）」の類例が広く見られる。

これを動物にたとえた例は珍しいが、なぜロバなのだろうか、ちょっと考えてみたい。ロバは頑固で気分屋な性質から扱いは易しくない。西欧などでは「愚か者」「馬鹿」の代名詞になっている存在で、ことわざでの扱いも同じだ。そんなロバにしっかり言うことをきかせ制御できれば、人が果たす役割は十分。だから、あとは神様にお任せするというのだろう。

ところで、ロバは西欧とのつながりが強そうだが、実際には中東、インドや中国にも見られる。しかし、日本は中国とは歴史的に深い関係があるにもかかわらずロバの飼育は広まらなかった。このため、ロバに関することわざも比較的新しい外来のもの以外は見られない。こうした点からも、ことわざは文化に根差したものだということがわかる。

Column 2

世界の共通語

ことわざは世界中の言語にある。個別の言語に特有なことわざがある一方で、同じような言い回しのものがあることから、ことわざは世界の共通語との見方もされている。ここでは日本の「**朱に交われば赤くなる**」と同義のことわざが世界でどのように表現されているか調べてみることにしたい。このことわざを取り上げる理由は、おそらく世界中でもっとも多くの地域にあると考えられるからだ。

まず「**犬と眠ってノミといっしょに起きる**（英語）」「**犬小屋で眠る者はノミにまみれて起きる**（ポーランド）」や、これとほとんど同じものがもっとも多い。ヨーロッパ全域に広く見られ、なんと17例もあり、同義のもののなかでも全体のほとんどを占める。中米のメキシコとガイアナにも2例あるものの、これはスペイン語の影響がうかがえる。

「**腐ったリンゴ1個でリンゴの山を腐らせるに充分**（フランス）」など、リンゴの例は東西ヨーロッパの7例とメキシコを合わせて8例あり、2番目に多い。

3番目が、「**狼に付きあえば吠え方も教わる**（スペイン）」のように、狼が用いられたもの。西北ヨーロッパと中米を合わせて7例ある。

「鍋にさわればすすで手が汚れる（フィリピン）」「土鍋に近づけば黒くなりやすい（チベット）」のように鍋の例はアジア圏にだけ見られ4例ある。

「朱に近づくものは赤くなり墨に近づくものは黒くなる（中国）」は、日本のものの元になったことわざでもあり**「朱に交われば赤くなり、藍に交われば青くなる（チベット）」**のような朱や墨の顔料・染料などを用いた例が東アジアに3例ある。

この他に動物では牛、ヤギ、ラバ、ロバ、ライオン、虎。鳥では白鳥、カラス、サギ、ワタリガラス。植物では麻、ブドウ、ウリ、ココナッツ。さらに金や鉄、なかには暖炉とか粉ひき所などの例もある。もちろん、善人悪人、病人、猟師、鍛冶屋、なめし皮屋もあれば会話、交わりといった抽象的なものもありじつに多様だ。たとえの総数は85例に及び、一字一句が同じではなく、地域的な特色などを踏まえた表現が文字どおり世界中に見られる。なかでもユニークな例として**「池の中で夜を過ごせば蛙のいとこになって目覚める（アラビア語）」**を、締めくくりに挙げておきたい。

038 シャイフによってアザーンの仕方がある

アラビア語

シャイフはアラビア語で長老、イスラム知識人の尊称。アザーンはイスラム教におけるモスクでの礼拝への肉声の呼びかけのことなので、礼拝への呼びかけも人それぞれということになる。日本の「十人十色」にあたり、「蓼《たで》食う虫も好き好き」にも関連する。ラテン語に「頭の数だけ意見がある」とあることから、この類が西欧やロシアに見られる。「五本の指には長短がある（ベトナム）」「指はどれも同じではない（エジプト）」のように、指を用いたものもジョージア、ネパール、モンゴル、台湾などに見られる。

この他、興味深い言い回しを挙げると「米は同じだが、料理の仕方はたくさんある（スワヒリ語）」「客二人に適うもてなしはない（アフリカ・キクユ族）」「小鳥も同じ羽根をもっては生まれてこない（ロシア）」「それぞれの若者のヨーグルトの食べ方がある（トルコ）」「海老もいろいろ、塩もいろいろ、人が多ければやり方もいろいろ（インドネシア）」などがある。

039 足を踏んづけるやつがいたら、首根っこを踏んづけてやれ

レバノン

たとえ靴の上からでも足の指を踏まれれば痛い。ましてハイヒールの踵のような尖ったものであれば痛さは倍加する。とはいえ、仕返しに相手の首根っこを踏んづければ、さすがにやりすぎだろう。首根っこを踏みつけるには相手を押し倒すか横倒しにするわけだから、それだけで同程度の仕返しにはなる。そのうえ、急所である首根っこを踏みつけるのだから、それこそ倍返しか、それ以上となる。

報復や仕返しの有名なことわざとしては「**目には目、歯には歯**」があるが、これは有名な「ハンムラビ法典」に由来する外国の古いことわざで、同程度のことをやり返すべしとしている。日本では江戸時代に「**仕返しは三層倍**」という、仕返しは三倍にして返すのが当たり前ということわざもあった。

同程度にやり返すか、倍以上にすべきか、ことわざの世界でも意見が分かれているようだ。

040 不倫のマラは不倫のホトに与えられる

シュメール語

不倫関係にある男女を指すことわざ。マラは男根、ホトは女陰。世界最古の文明であるシュメールのことわざであることから、該当する日本での古い呼称をあてた。日本では同じ意味合いのものは見あたらないが、夫婦関係については「**似た者夫婦**」とか「**破《わ》れ鍋に綴蓋《とじぶた》**」がある。後者について少し補足すると、破れ鍋とは縁の欠けた程度の使用可能な鍋であり、綴蓋は修理した蓋のこと。つまり双方に少々の欠陥がある夫婦をたとえたものなのだ。

それにしても驚かされるのは4000年以上も前から不倫が存在し、しかも格言（ことわざ）になり、粘土板上にくさび形文字で表わされていたことだ。

せっかくなので、他にシュメールのことわざを3つ紹介しよう。「**楽しきはビール、苦しきは旅路**」（当時は異国へ行く際にビールが支給された）「**金持ちになればなるほど見張りの苦労**」（金持ち苦労多し）「**貧乏人に力なし**」。人間は4000年前からあまり変わっていないように思える。

041 馬鹿のすることに悪気はない

ロシア

馬鹿者と言われる人は悪意があってやっているのではないと考えるべきであって、取り立てて非難するほどのものではないということ。

日本語で「馬鹿者」の意味を辞書でみると、愚か者、愚人、痴者とある。「馬鹿」だと、これらに加えて無益なこと、下らないことなどがある。ここでは、社会常識をわきまえない、知的能力が高くない人を指しているようだ。

馬鹿に関することわざはほとんどが批判的・否定的なものだが、なかには異なるものもある。**「子供と馬鹿は本当のことをいう」「子供と馬鹿はうそがいえない」**というのはどちらも英語にあることわざで、子どもは邪心がないから相手を慮る必要もなく、ありのままの真実を言うとしている。もちろん**「馬鹿ほど怖い者はない」**のように、常軌を逸した行動や行為をなす者は、多くの人にとって恐怖を与える存在になる。一口に馬鹿と言ってもいろいろあることがわかる。

042 縄は長いのが、スピーチは短いのがいい

ロシア

物を縛ってまとめるなど、いろいろなことに使う縄には一定の長さが必要だが、スピーチは短いのが好ましいということ。

多弁を戒めることわざはごまんとあるものの、長話を非とするものは意外と少ない。日本のものでは**「長口上はあくびの種」「下手の長談義」**、英語では**「おしゃべりは一座の皆をうんざりさせる」「長ったらしいと嫌われる」**、朝鮮語に**「短い夜に長い歌を歌おうか」**が見られる程度。

ただ近年、目にするようになったものがある。**「スピーチとスカートは短いほどいい」**との言い回しだ。これはイギリスの元首相チャーチルがいった「よいスピーチは女のスカートのようにあるべきだ、主題を伝えられる程に長く、興味を引き起こす程に短く」を基にして新たにつくられたものと見られる。スカートの長さについては現在では問題発言にあたるが、スピーチの長さに関しては異論は出ないだろう。

043 牧師のポケットと女陰は似ている、どちらも飽くことがない

ロシア地域・ペルム語

ペルム語とは、ウラル山脈の南西に位置し、ヴォルガ川に面するカザン市からカスピ海に向かう地域に群居する少数民族が話す言語のこと。

意味は牧師が欲が深く色好みなことをいうもの。

牧師の欲張りをいうことわざは他に**「牧師の衣裳箱のように底なし（フィンランド）」「牧師と雌鶏とはけっして満足しない（イタリア）」「一人の牧師は自分のパンに困らないように他の牧師を嫌う（ギリシア）」**などがある。

女色好みの方は適当な例がないものの、傍証になりそうなものとして**「牧師の娘は妻になれぬ、灰色の雌馬は馬になれぬ、カエデの木は薪になれぬ」**がある。牧師の娘というのは堕落しているからと見做されているからだ。

なお、どうしてポケットと女陰が並べられているのだろうか。まったくの憶測だが、金を入れるのがポケット、男根を入れるのが女陰と見たがどうだろうか。

044

オオカミとトナカイは同じ群れにはいない

シベリア・ヤクート族

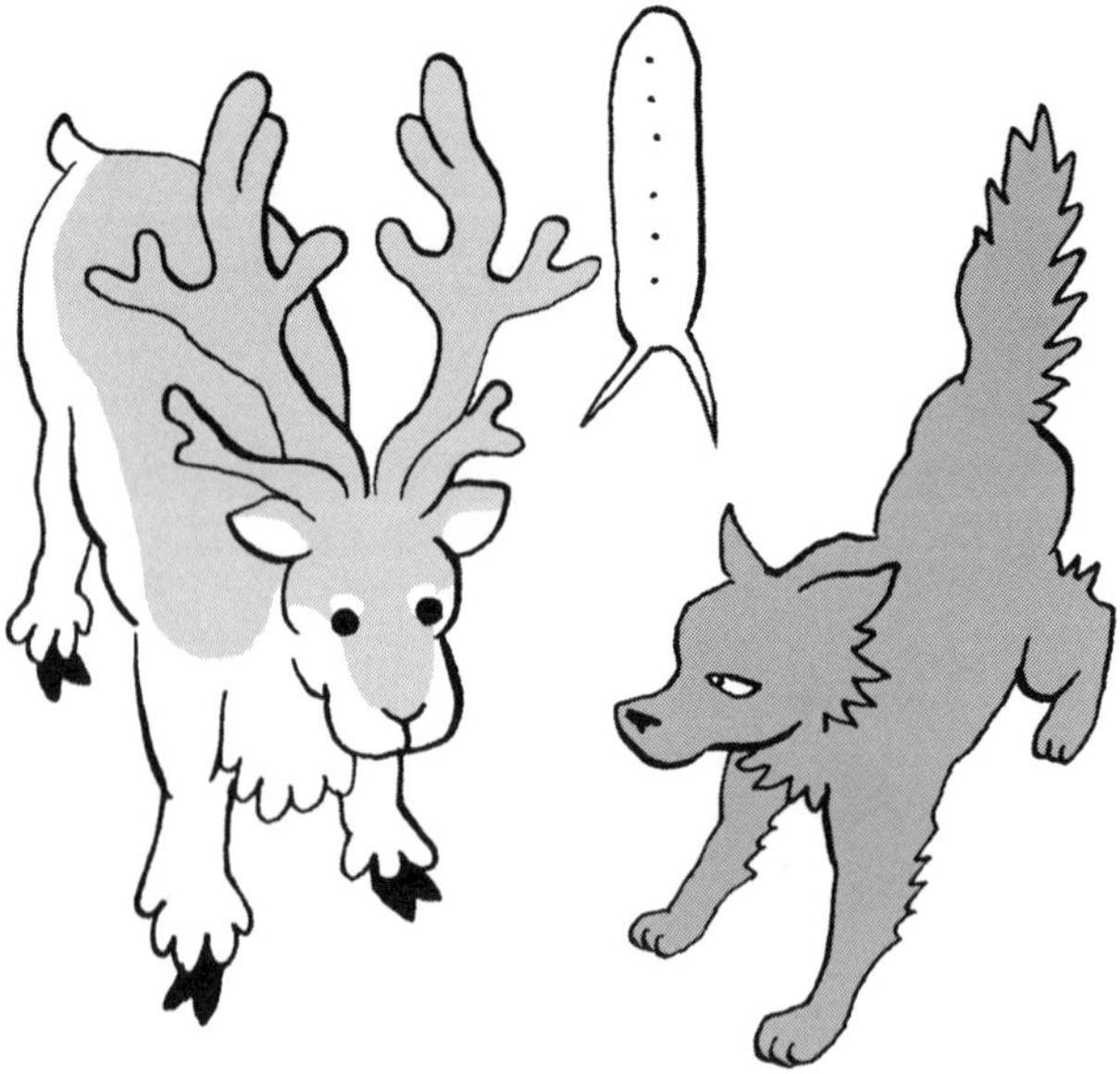

トナカイはシカ科の動物。北極地帯を中心に棲息し、ユーラシア大陸北部からロシア、シベリア地帯では家畜として飼育される。人類がもっとも古くに家畜化した動物とされる。ちなみにトナカイの呼称はアイヌ語に由来する。文化面でもサンタクロースが乗るソリをひく動物として有名であり、クリスマスソング「赤鼻のトナカイ」は広く知られ愛唱されている。

トナカイの天敵はオオカミだから、一緒に行動することはない。ことわざの意味は、同じような性格のものは集まるということ。日本の「類は友を呼ぶ」にあたる。

この意のことわざは世界中にあるが、地域によっていろいろに表現されている。「セミはセミが、アリはアリが愛おしい（古代ギリシア）」「ザリガニは蟹に味方する（韓国）」「羊は羊の群れ、山羊は山羊の群れ（ネパール）」「鳩は鳩どうし、鷹は鷹どうし（ペルシア語）」「サイ鳥にはサイ鳥、スズメにはスズメ（インドネシア）」「カラスはカラスの脇にとまり、類は類を求める（チェコ）」「鯉は鯉を呼び、スッポンはスッポンを呼ぶ（中国）」などがある。

045

オーロラは美しく舞い遊ぶのに、暖めてはくれない

シベリア・ネネツ族

ネネツ族はロシア極北地方の先住民族。人種的にはモンゴロイドで、日本人と同類になる。「トナカイの民」として知られ、狩猟や漁労、トナカイの遊牧を営む。トナカイの肉を食べ、血を飲み、皮を服にして着て、マイナス50度の冬でも皮製のテントで生活を送るから、まさしくトナカイづくしなのだ。

オーロラは現代人の観光の目当てとして「一生に一度は見たい天空の神秘」と呼ばれ、絶大な人気がある。頻繁にオーロラを目にする人々にとっても天空を移り変わる姿は神秘的な舞のように美しいが、冷えた体は暖めてはくれないというのがここのオーロラに対する認識のようだ。都会人は雪の白銀世界へあこがれるものの、そこに住む人にとっては生活の障害物になってしまうのに似ている。オーロラのこの世のものならぬ神秘的な美を愛でながらも、この世の現実に思い至るのだろうか。逆に言えばそれほどにシベリアの現実は厳しい自然なのだということだろう。

ことわざを鑑賞する観点から言えば、これほどに天空の神秘の世界を描いたものはないだろうし、オーロラを題材にしたことわざもないだろう。

046 他人の猟師道を歩くな

ロシア地域・コミ族

コミ族は古くはヴォルガ系の流域に居住するも、現在はロシア中北部のコミ共和国に住む。北部が北極圏に入る同国は、厳しい自然環境にある。生活の支えは野山の猟と海川の漁。

このことわざの意は、ずばり「人妻に手をだすな」。他人の妻を猟師道になぞらえた大変珍しいものだ。

日本では「**人の女房と枯れ木の枝は上るほど危ない**」といい、人妻との恋愛は身の破滅を招くとしており共通するところがある。これに関連するものも「**盗人は家を、姦夫《かんぷ》は妻を心配する**（ユダヤ人）」「**細君は常に隣の亭主をスミレだと思う**（フランス）」とある。人間には他人のものはよく見えてしまう心理があるようで、他にも「**他人の鶏は鵞鳥、他人の妻は美人**（トルクメニスタン）」「**他人の妻は美人にみえる**（ネパール）」とあるし、日本にも「**かかあと丁稚は外が良し**」（女房と使用人はよその家の者がよく見える意）といったものが江戸時代にあった。

047

カッコウ一羽で春にはならぬ

アルメニア

たったの一例では全体を判断することはできないことのたとえ。カッコウを一羽見かけたからといって春が来たと判断してはならないということ。アルメニアは西にトルコ、北にジョージアに隣接する西アジアの内陸国。

カッコウはユーラシア大陸とアフリカに広く分布する。日本には5月頃に飛来する夏鳥。森の中でも遠くまで響き通る独特の鳴き声とユニークな托卵をもって知られる。また、農作業の目安となる「カッコウが鳴いたら種を蒔け」とは、カッコウが鳴く頃は霜の恐れもなく、安心して種を蒔ける季節になったことを指す言葉だ。

鳥の種類を燕にした例が古代ギリシアの「**一羽の燕は春をつくらず**」。そののち、イギリスではこれが春ではなく夏に替わって伝えられている。燕の春や夏の形は西欧、東欧、ロシアなどに広く見られるし、「**コウノトリ一羽で春にはならぬ**」もアゼルバイジャンにある。さらにたとえるものを動物にした例として「**ライオンは爪でわかる**」が西洋や中央アジアで見られ、この意のことわざが世界中にあることがわかる。

048

川で溺れる者は蛇をつかむ

ヴォルガ・タタール人

窮地にいる者はどんなものにもすがるということ。タタールはロシアのヴォルガ川中流域にあるタタールスタン共和国を主とする民族。

日本でも**「溺れる者は藁をもつかむ」**がよく知られている。もっとも、これは西欧からもたらされたもの。明治前期頃から見られだし、すがる対象が「芦の葉」「草葉」になったあと、明治後期になって「藁」が登場する。

世界でもいろいろなものがすがる対象になっている。藁とするのが、英語・ドイツ・オランダ・ポルトガル・ロシア・ハンガリー・フランス・ウガンダ・ネパール・韓国・ヒンディーと広く見られる。その他に枯草がアラビア、草の葉が英語・フランス、草の根がモンゴル、苔がジョージア。さらに剃刀がイタリア・リトアニア、焼け釘がスペイン・メキシコ。果てには泡がアフガニスタン・アルメニア・ベトナムとあり、表現が異なる**「洪水にさらわれている人は水泡さえつかむ（ソマリア）」**もある。追い詰められた人間の必死さ・滑稽さをバリエーション豊かに伝えている。蛇も**「海に落ちた者は蛇にもすがりつく（トルコ）」「海に落ちた者は助かるためには海蛇にでもつかまる（ブルガリア）」**とある。

049 自分の糞は臭わず

サーミ人

サーミ人は北欧のスカンジナビア半島からフィンランド北部、旧ソ連の一部に居住する先住少数民族。

このことわざの意味は、他人の欠点はすぐわかるのに自分のはわからないということ。日本の「**我が糞臭くなし**」とそっくりだ。自分の大便でも臭いものは臭いはずだが……。

日本だけでもこの他に「**人の背中は見えるが我が背中は見えぬ**」「**人の一寸我が一尺**」「**人の七難より我が十難**」「**猿の尻笑い**」などいろいろある。これらは人間の深層心理に根差したものだが、「**自分の欠点は他人の目でしかよく見えない**（中国）」は、こうした心理を言い表わしているようだ。他のたとえも「**他人の頭のシラミは見えるが自分の首のブタは見えない**（バスク）」「**他人の罪はヤマネコの目で、おのが罪はモグラの目で見る**（チェコ）」「**自分の目の中の大石は見えず、他人の目の中のワラくずが見える**（マルタ）」「**ラクダは自分のこぶは見えないが仲間のこぶをいつも見ている**（アラビア語）」「**人のハゲはわらうが自分のハゲは見えない**（モンゴル）」などなど、なかなか辛辣だ。

050 男は老いるが女は大人になる

ノルウエー

ノルウエーの一般的なイメージは冬季スポーツだろう。事実、冬季オリンピックでの獲得メダル数は全世界トップ。「ノルウエー人はスキーを履いて生まれてくる」との言い回しがあるように、スキーに対する国民の関心はきわめて高いようだ。

このことわざの意味は男が年を取ると老けるだけだが、女は進歩してより賢明になるというもの。残念ながら、歴史的に見てもことわざには男尊女卑のものが多く、「この世に三つの災いあり、火と水と女だ（ギリシア）」「もっともよい女でさえ悪魔の肋骨の一本はもっている（ルーマニア）」「女は地獄の扉である（ラテン語）」など、現代では到底許容できないものもある。女性を評価するものになると、「女性をののしる者はこの世では一文の価値もない（ドイツ）」「女なしに生活する者は、幸福もなく、援助もなく、友もない（イスラエル）」くらいだ。なお、日本には女がいてこそ何事もうまくいくという意味の「女ならでは夜が明けぬ」があるのだが……。

051

良い鐘の音は遠くまで届く、悪い鐘の音はもっと遠くまで

フィンランド

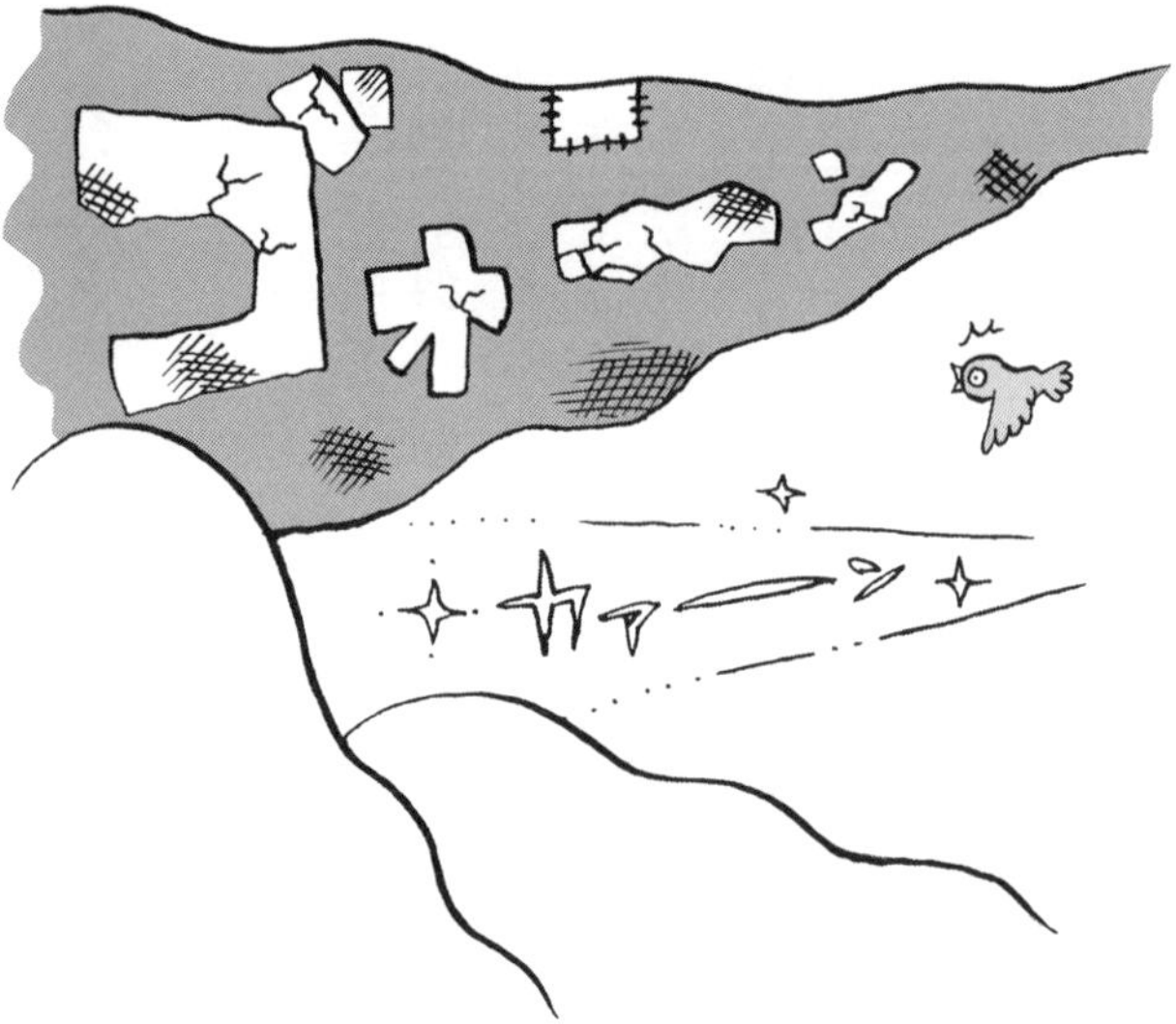

ここでいう鐘の音は評判とか噂のたとえ。いい評判より悪い評判の方が世間に広まってしまうということを意味する。

中国から伝来してかつて日本でよく使われた「好事門を出でず悪事千里を行く」に似ているが、厳密には少し違う。日本のものはいいことは門の外には出ず家に留まっているので、こちらの方がより強い対比になっている。

鐘の音と言えば日本では除夜の鐘が知れ渡っているし、西洋では教会の鐘がすぐに連想される。どちらも遠くまで響き渡るので、たとえに使われたのだろう。

世界を見渡すと「悪い知らせはすぐ伝わる（ドイツ）」の類は西欧、中東、アジア、アフリカに広範に見られ、まるで世界共通語のようだ。異なるものにたとえた特色のあるものに「悪い噂は雪球のごとし、転がるほど大きくなる（ブルガリア）」「名声は炉のうしろに眠っている。悪評はすみやかに国中に行き渡る（ロシア）」「よい焼肉は遠くまで臭うが、悪いのはもっと遠くまで臭う（チェコ）」「やっかい事は歩いていき、スキャンダルは飛んでいく（南米、ガイアナ）」などがある。

052

アイスランド

一人より二人の方がベッドのノミをつかまえ難い

アイスランドは北極に位置するグリーンランドの東、北極圏のすぐ南にあり、人口は35万人の小国。ヴァイキングによって開拓されたといわれている。

アイスランド語は発音や活用が複雑なことから、世界でいちばん難しいといわれている。子音がいくつもつながるため、発音が途轍もなく難しいのだそうだ。母音が主体の日本語とは対極にあるといえるかもしれない。

さて、このことわざは、ノミ取りするには1人がいいことを意味する。確かにノミを指で押さえて潰すには指1本で十分。それを2人ですれば1人は邪魔になるだけでかえってマイナスだ。神経を集中して1人でやるのがベストだろう。

社会生活を営むためには多くの事柄は人との協力が必要だし、共同作業なしに成り立たない。しかし中には、このことわざのように個の力に委ねられたり、主体的な個人の能力が推進力となったりするものもある。冒険心にあふれ独自性を尊ぶヴァイキング精神の一端が表出しているのかもしれない。

053

死はすべての人を等しくする

デンマーク

死ねば皆同じだということ。似た言い回しのものとしては「**死はすべての人を等しくする。死は貧者も富者も食べる（スウェーデン）**」があるものの、日本など他の地域には見当たらないようだ。

ただ、いいがかりを付けるようだが、厳密に言えば一糸まとわぬ全裸の死体なら皆同じになろうが、葬式などには差が出るだろう。死の平等性に疑問がつけられるのに対して、生はまさに平等。もちろん、遺伝などで身体的違いは存在するが、すべての赤ん坊がすっぽんぽんの丸裸で生まれることには論難の余地はない。

ところで、日本には生と死を結びつけるおもしろいことわざがある。「**穴から出て穴へ入る**」というものだ。クイズ風に言えば、穴から出て穴へ入るものってなーんだ?　答えは、人間。二つの穴は産道と墓穴にあたる。母親の穴から生まれ、地中の穴（墓穴）に葬られるというわけだ。

054

フクロウの目には太陽は痛い

ウクライナ

ことの真相を聞かされることは時として辛い場合があるということ。残酷な真実は「**知らぬが仏**」で知らずにいた方が心安らかだが、逃れることはできない。日本のことわざでは「**忠言耳に逆う**」か「**良薬口に苦し**」に相当する。

ウクライナは東にロシア、西にハンガリーなどに隣接する東ヨーロッパの国で、日本との関わりは深くはなかったものの、チェルノブイリの原発事故で世界的に有名になった。夜行性のフクロウが太陽の光を直接目にすることはそうはないだろうが、瞳孔が大きいので夜目が利く代わりに昼間はまぶしく目を細めるという。目の感度はなんと人間の百倍。そのうえ、両目が正面を向いているので対象物を立体的に見ることができ、正確な距離が把握できる優れた能力がある。

太陽の光は夜行性ではない人間でもこのうえなくまぶしい。とりわけ雪山やスキー場で浴びる光線は、雪に反射して上下から照らされて強烈だ。海水浴より日焼けすることもある。フクロウには人間以上の打撃になることは間違いない。

055

父親に六人の娘がいれば六度火事があるのと同じ

ラトビア

ラトビアは北ヨーロッパのバルト海沿岸のいわゆるバルト三国のひとつ。

このことわざは、親にとっては娘を一人前にして嫁入りさせるには莫大な費用がかかることのたとえ。娘を「**蝶よ花よ**」とどんなに可愛がって大切に育て上げても、嫁に行き家から出てしまう。

それ故だろうが「**娘はよその家を富ませるものでしかない**（フランス）」とか「**よそにくれてやった娘は、山に射こんだ矢のようなもの**（モンゴル）」とみなされる。見出しにもっとも意味が近いのが「**娘三人、戸を開けて寝る**（朝鮮語）」で、娘を嫁入りさせると財産は使い果たしているので戸を締めずに寝ていても盗まれるものがないとするものだ。じつは日本にはもっとすさまじい「**娘の子は強盗八人**」というものがある。娘の嫁入りは強盗に八回入られたと同じだというからもの凄い。

現代の女性にとってはきわめて失礼に感じられるだろうが、あくまで昔のことわざとして理解されたい。

056 鶏もただでは土をかきまわさぬ

チェコ

ただ働きはしないことの意。

放し飼いの鶏には土を爪で引っ掻き回し、くちばしでついばむ様子がよく見られる。これは餌を探し求める行為であり、いたずらで無意味な行為ではない。

ところで、ニワトリは鳴き声が夜明けを告げることから神聖視され、吉祥のシンボルとして文化的に高く評価される面がある。他方、「チキン」には俗語として臆病者・若い売春婦・陰茎などの意味があり、肯定的とは言えない面もある。

類似したニワトリのことわざには、**「カラスのように暗いうちから起き、ニワトリのように働け（ラオス）」「一番よく鳴くニワトリが一番卵を生むわけではない（南アフリカ）」「一粒ずつニワトリは胃袋を一杯にする（ベネズエラ）」「ニワトリはそれぞれ自分の鶏舎で歌う（コロンビア）」**などが見られる。日本では**「タダで動くのは地震だけ」**という同じ意味のおもしろいことわざもある。

Column 3

外国から入ったことわざ

昔から日本には海外からたくさんのことわざが入ってきており、現在も使われているものも多い。ここでは江戸時代以降に西欧から来た主なことわざを概観したい。明治の初期からおびただしいことわざ集が発刊されており、収録された数も膨大だ。それらはここでは扱いかねるから、実際に文芸などの諸ジャンルで使われた120例に絞って見てみよう。先に第二次世界大戦後に使われた使用頻度の高いベスト6を挙げる。

①**一石二鳥**：幕末の辞書に「石一ツニテ鳥二羽ヲ殺ス」との記載があり、大正期ごろから「一石二鳥」になったと推測している。これは現在もっとも多く使われている。

②**三度目の正直**：どのことわざ辞典も欧米からの伝来とはしていないが、英語に古くから見られること、日本に広まったのは戦後になってからと見られることから西洋伝来とみなした。なお、日本に古くあったものは「**三度目が大事**」「**三度目の神は正直**」。

③**目から鱗が落ちる**：新訳聖書に見られるものの、ことわざとしては戦後から急に広まった。1923年に寺田寅彦が「**眼から鱗が取れるよう**」と記したのが、もっとも早い

使用例にあたる。

④**氷山の一角**：先行する例として「**氷山の頂き**」との言い回しが1947年の木下順二の戯曲『風浪』にある。「**氷山の一角**」は1950年代から見られるようになる。

⑤**一匹狼**：戦後の昭和30～40年代の小説や映画のタイトルで使われ、2010年頃からは国際テロリストの異称のような使われ方が顕著になってきている。

⑥**火に油を注ぐ**：ことわざ辞典では外来とされていないが、古代ローマ時代までさかのぼる古いものながら、日本で広く見られるようになるのは戦後になってから。

次に用例が多い主だったものを列挙する。「**新しい革袋には新しい酒**」「**嵐の前の静けさ**」「**溺れる者は藁をも掴む**」「**終わり良ければ全て良し**」「**火中の栗を拾う**」「**木を見て森を見ず**」「**攻撃は最大の防御**」「**コップの中の嵐**」「**コロンブスの卵**」「**失敗は成功の元**」「**大山鳴動して鼠一匹**」「**沈黙は金**」「**鉄は熱いうちに打て**」「**天は二物を与えず**」「**時は金なり**」「**隣の芝生は青い**」「**二兎を追う者は一兎も得ず**」「**火の無い所に煙は立たず**」「**ペンは剣より強し**」「**目には目を**」「**ルビコン川を渡る**」「**歴史は繰り返す**」。

最後はアメリカから、もっとも新しく広まったもので「**勝ち馬に乗る**」。これは2000年以降に新聞の政治面、とくに選挙に関連して用いられ、急速に広まった。

057

ジャッカルが
ヒバリに歌を教える

ジョージア

ものごとを熟知している人に未熟な者が教えること。また、説明を必要としない余計なことのたとえ。日本語では「釈迦に説法」にあたる。

ジョージアは日本では2015年まで「グルジア」と呼ばれていた国。東ヨーロッパと西アジアの境目辺りに位置し、かつてのソ連邦の一角を占める。ソ連邦の最高指導者のひとりで、「大粛清」と呼ばれる大規模な反対派の摘発でも知られるスターリンの出身地でもある。

ジャッカルはオオカミに似たイヌ科、小形で口先が細く耳が大きい。南アジアからアフリカにかけて分布する。鳴き声もオオカミに似たところがあるからお世辞にもきれいで心地よいものではない。そんな声の持ち主が美声で知られるヒバリに歌を教えるというのがここのことわざだから、それこそ身の程知らずにも程がある。

なお、「ジャッカル」という単語を2019年のラグビーワールドカップで耳にした方も多いだろう。タックルされて倒れた選手からボールを奪い取るプレーのことで、動物のジャッカルが他の動物に群がって捕食する様子から名づけられたものだそうだ。

058

ウオトカよ、こんにちは、理性よ、さようなら

ジョージア

酒は人の理性を失わせるものだということ。ウオトカと理性、こんにちはとさようならを対置して、ことわざらしい洒落た表現に仕立てている。

ウオトカはロシア、北欧、中欧などで製造される蒸留酒。日本でも愛飲される。カクテルの一種のスクリュードライバーはウオトカにオレンジジュースをあわせたもので甘く飲みやすく、あまり飲酒の習慣のない女性でも飲みやすい。そのため「レディーキラー」の異名があり、ついつい飲み過ぎてしまうので理性にさようならしないようご用心を。

酒に関することわざは世界中にきりがないくらい存在するが、飲酒を肯定する派と否定的にみる派に大別される。見出しは否定派の代表的なもの。日本のもので言えば「**酒は気違い水**」だろう。似たものが「**お早う、酒よ、さようなら、理性よ**（**スロヴェニア**）」。ジョージアとは近い地理なので、事によると元は同じかもしれない。広域にあるのが「**酒が入れば理性は出て行く**」で、西洋やロシアなどに見られる。酒飲みには辛いが、「**酒は悪魔の血液**（**英語**）」「**よき酒は財布を荒し、あしき酒は胃を荒す**（**ドイツ**）」ともいう。

059

鼻より上に口がある

ポーランド

人間の顔は鼻の下に口がある。その逆は通常はあり得ない。であるのに、このことわざは、その逆を表現している。筆者はこうした通常ではあり得ない情景を表現することわざを「奇想のことわざ」と名づけている。

日本のことわざで該当するのが「へそが茶を沸かす」「鴨がネギ背負ってくる」「喉から手が出る」「耳取って鼻かむ」「ドジョウの尾にヘビが食いつく」「言ってても黒豆」「ナメクジの江戸行き」「ムカデがワラジ履く」「火事が凍って石が豆腐になる」等々、なんとも奇妙奇天烈だ。ことわざの技法には物事を誇大に表現する誇張法があり、ことわざの特徴のひとつだが、奇想のことわざはそれ以上のインパクトがある。

ことわざの意味は空威張りをすることや、そのような人のことだが、口が上になることがどうして空威張りになるのだろう。「鼻を高くする」とは自慢したり、高慢になったりすることをいう。見出しの情景を下方の顎から見ると、鼻より口の位置が上になって、口が鼻より高い位置になる。そこに鼻を高くする自慢が重なり、高慢よりも凄い空威張りを表わすものと解釈してみたが、どうだろうか。

060

聖マルチンが白馬に乗ってやってくる

ポーランド

雪の降る季節の到来を意味する。

聖マルチンは聖マルチノ・デ・ポレスの名を持つ17世紀前半の聖人。看護士と修道者として活動する傍ら貧しい子ども向けに学校を開設したり、ペストが蔓延した際には多数の患者を看護したりして「愛徳の父」と呼ばれた。この聖人の祝日が11月11日で、この日に冬がやってきて、雪が降る白雪の季節になるというものだ。白雪を白馬になぞらえたファンタジックな光景が描かれている。

季節をたとえたことわざは多く、「**三月はライオンのようにやって来て、小羊のように去って行く**（英語）」は三月の荒れた気候を、「**女の愛とバラの花びらは四月の天候のように変わる**（ドイツ）」も四月の天気の変わり易さを表している。「**聖マタイの日にはクマが寝返りする**（エストニア）」は、春の兆しを表している。もっともユニークなものは日本の「**二八月荒れ右衛門**」。季節を人名化して二月八月の荒天を表現しているのだ。

061 笑いのない死と涙のない結婚式はない

ルーマニア

一般的に結婚式は多くの人から祝福され、死去は悲しまれる。しかし、このことわざはその反対を意味している。死を喜ぶ人もいれば結婚を悲しむ人もいるというものだ。死と結婚式は反対の意味合いを持つ対立する概念だし、笑いと死との関係も同じ。一見しただけだと見逃してしまうが、このことわざは①笑いと死、②涙と結婚式の対立する2つの概念を並置して人目を惹きつける意図が感じられる。

ことわざの技法はいろいろあり、これは反対の意味を持つ単語や熟語などを対置することによって表現を際立たせる方法だ。日本のものでは**「聞いて極楽見て地獄」「借りる時の恵比寿顔、返す時の閻魔顔」「男やもめに蛆が湧き女やもめに花が咲く」**といった類だ。外国では**「太陽が輝けば月はかげる（ドイツ）」**（あなたを祝えばこなたの怨み）**「猫に広すぎ犬に狭すぎ（ロシア）」**（帯に短し、たすきに長し）**「貸してもらう時は友だち、返す時は敵（フランス）」**（借りる時の恵比寿顔、返す時の閻魔顔）などがある。

062

手で月を、足で太陽をつかむ

ルーマニア

深夜に頭上の月を手で、足下の太陽を足でつかむというのだから、まるで地球全体を1人の人体になぞらえたかのような奇想天外なことわざだ。筆者は軽く10万を越すことわざを見て来たが、これほどの宇宙的スケールを感じられるものは他に知らない。

意味としては、日本のことわざでは「**棚からぼた餅**」に相当し、思いがけない幸運を指す。部屋の中での棚とぼたもち、対する宇宙での月と太陽との巨大な落差に目がくらみ、彼我との隔たりの大きさに呆然とする。

残念ながら、どうしてこのことわざが思いがけない幸運の意になるのか、確かなことはわからない。対極な関係にある月と太陽を1人で同時に得てしまうからだと推測してみたが、どうだろうか。「**天から降った贈り物（オランダ）**」のような、天から下された幸運を指す言い回しが西欧諸国に見られることも、いくばくか関係しているのかもしれない。

なお、日本と同程度のスケールのものでは「**落ちてくるドリアンを手に入れる（インドネシア）**」「**穴蔵の中で餅を貰う（韓国）**」もある。

063

吠えることを知らない犬は羊のところへ狼を招く

ブルガリア

適確な指示を出さず、言うべきことを明確に口に出して言わなければ、災いを招き損害を被ることになるというたとえ。

近くにオオカミがいることに気づいた牧羊犬が、オオカミの存在をヒツジに明確に伝えれば、ヒツジはいち早く避難するだろう。それをヒツジに伝えずにだまっていれば、ヒツジは逃げ遅れて食われてしまう。人間社会でも、はっきりと声に出して言わなければ守れないものがある。たとえば、親が子どもに危険を知らせるのは重要な義務といえる。また最近の例では「#metoo」運動が挙げられるだろう。性的被害の告発が1つのムーブメントになることで、同様の加害に対する抑止力を生んでいると考えられる。

意味が近いものだと、日本では「**言わぬことは聞こえぬ**」、外国では「**口に出さなければ神様も聞きとどけようがない**（イタリア）」がある。

一方で、ことわざの世界では「**沈黙は金**」のように多弁を戒めるものが圧倒的に多数派で、これは外国も変わらないようだ。

064 世界中の人にケーキをふるまうことはできない

セルビア

すべての人によく思われ、よい人と評価されることはできないということ。誰にもいい顔をする意の日本の「**八方美人**」にあたる。

世界の人口は78億5000万人（2021年）とされているので、この全員にケーキを配ることなど、常識的にはとうてい不可能だとわかる。誰からも好かれることは、それと同じくらい不可能だということだ。

他の例では、古代ギリシアの有名な哲学者であるアリストテレスが口にした「友の多い者に友はいない」が元になった「**みんなの友は誰の友でもない**」が西洋に広く見られる。ユダヤ人は「**誰にでも如才のない人は親友がいない**」という。別のたとえでは「**神にはろうそくを、悪魔には燃えさしを**（ポーランド）」「**神には祈れ、しかして悪魔を怒らすな**（ロシア）」「**あまねく春風**（朝鮮語）」などがある。

人間関係においては、全員に好かれようとするのではなく、大事な人こそ大切にすべきということだろう。

065

ロバじゃ戦いに行かれない

マケドニア

マケドニアは東ヨーロッパのバルカン半島中央部に位置し、南にギリシア、東にブルガリアに隣接する。

このことわざの意味は、ものごとには向き不向きがあることとか、肝心なときに必要なものがないことをいう。

なぜロバでは戦いに行けないのだろうか。まずロバとウマの違いについて見てみよう。体高はウマが1・4m～1・8m、ロバが0・8m～1・6m。走る速度はウマが時速60km、ロバが40km。ウマは好奇心が強く社会性もあり、人との意思疎通ができる。ロバは頑固で気分屋な、扱い難い厄介な性格。運搬能力もウマの方が優れているものの、ロバの方が少食で餌の確保の面では飼育しやすいのが利点。問題は、戦の内容をどう考えるかだが、戦場への物資の搬送であればロバはウマには劣るものの、代用にはなるだろう。しかし、直接の戦闘行為の場であれば人が馬に乗った戦いは数えられないほど多くあるのに対し、ロバの例は見たことも聞いたこともない。ロバに乗った有名な例がドン・キホーテだが、彼も戦うために用いたわけではないようだ。

066

からっぽの胃袋は踊れない、満腹の胃も踊れない

ジプシー

腹かげんは八分程度がちょうどよいということ。これに近い日本のことわざは「**腹八分に医者いらず**」で、健康には腹八分がベストだとする。

人間、空腹だと「**腹がへっては戦はできない**」わけだし、食いすぎれば「**大食腹に満つれば学問腹に入らず**」で頭の活動が鈍くなったり、「**腹の皮が張れば目の皮がたるむ**」というように腹がいっぱいにふくれると眠くなったりしてしまう。

一方で、ハングリー精神は評価されるし、「**空腹は最高のソース**（英語）」というように腹が空いていればなんでもごちそうになるなど、評価されることもある。一方で、満腹の場合も「**腹がいっぱいだと、鳥は歌い、人は笑う**（ニュージーランド）」「**うまい食事は悪いことでも忘れさせてくれる**（ベルギー）」「**満腹の腹の上で頭が楽しげに笑う**（ドイツ）」など高い評価が見られるものがある。

空腹も満腹も精神状態としては評価されるが、身体的・物理的には障害とみなされるようだ。これを胃袋を擬人化して上手に表現したのが見出しのことわざだ。なお、ジプシーは主にヨーロッパで生活する移動型民族。

067 他人の妻は黄金の身体を持つ

イディシュ語

イディシュ語は東欧系のユダヤ人に用いられている言語。

黄金の身体が具体的にどういったものかは定かではないが、金色に光り輝く仏像のようなまばゆい姿を連想してもあたらずとも遠からずだろう。

意味を一言でいうなら、他人の奥さんは極上な存在ということ。ロシアでも「**他人の女房は白鳥、自分の女房はにがヨモギ**」といっている。

自分のものより他人のものの方がいいということわざは世界中に存在している。日本では、かつては「**隣の花は赤い**」「**わが家の米の飯より隣の麦飯がうまい**」などといったが、昨今は西欧から入った「**隣の芝生は青い**」に取って代わられている。さまざまなものにたとえられ、動物では「**隣のヤギはうちのヤギより乳の出がよい**（スペイン）」「**隣人の雌鶏はますます大きな卵を産む**（ブルガリア）」「**他人の皿の魚はうまい**（ロシア）」、植物では「**塀の向こうのいちじくは甘い**（セルビア）」「**人の飯の豆が大きく見える**（朝鮮語）」などがある。これらの中でもやはり「黄金の身体」が最上級の表現だろう。

068 沈黙は女にとって飾りとなる

古代ギリシア

女が口数すくなく、つつましく家のなかに控えていることがよいとするもの。ことわざとはいえ、現代ではこんな言説は不適切なので、あくまで遠い昔のギリシアの話として耳に入れておきたい。

このことわざはギリシアの三大悲劇詩人のソポクレスの作品『アイアス』に登場する。アイアスはギリシア神話に登場する英雄。最強の武将としての栄誉が奪われたため、屈辱を晴らそうとするも失敗する。美しく生きられないがゆえに美しい死をとげる物語だ。

女性をおしゃべりだとすることわざは多く、英語には「**女三人寄れば市ができる**」「**女三人と鵞鳥の一羽で市ができる**」「**女三人と三匹の蛙で市ができる**」などがあり、これを日本では「**女三人よれば姦しい**」といった。ポルトガル語では「**女三人と鴨一羽は市をつくる**」、フランス語では「**女のいるところに沈黙はない**」、ウクライナ語では「**女二人で市、三人で歳の市**」、スロヴェニア語では「**女が二人台所に立てば最後の審判の日より悪い**」、朝鮮語では「**女十人集まれば鉄も溶かす**」と、なんともすさまじい。

069

おまえは自分の頭上に月を引き下ろす

古代ギリシア

自分からわざわざ禍を招き入れることを意味する。

実際、どうやっても月を引き下ろすことはできないから、たとえとして途轍もない誇張表現となる。それもそのはずで、これは伝説に由来するとされる。魔術で有名なギリシア中部のテッサリア地方の魔女・アグラオニケは魔術をもって月を天上から引き下ろしたといわれ、それによって盲目となり自らの子どもを奪われたというものだ。彼女は天文学者と認識される最初の女性でもある。

それにしても、月が災いの対象になるとは、日本人には想像もできないのではないだろうか。日本人は花鳥風月を愛で、月にウサギを思い浮かべ、かぐや姫を重ねる抒情性がある。他方、西欧には「**満月は人の心を狂わせる**」との言い回しがあったり、満月の夜に狼男の存在を想起するという。月の神・ルナから派生した英語の「ルナティック(lunatic)」は「狂人」の意だ。このような文化的背景を知らないと、このことわざの意味はどうにも理解できないだろう。

070

ザリガニは子どもに真っ直ぐ歩くことを教えるも自分はできない

クロアチア

他人には立派なことを言うのに自分は実行しないこと。日本のものでは「**学者の不身持**」「**医者の不養生**」「**坊主の不信心**」などがあたる。

カニが横歩きするのは「**カニの横這い**」ということわざがあるように周知のことだが、ザリガニはどうだろうか？　じつは、ザリガニは真っ直ぐ歩ける。ことわざと矛盾していると思われるかもしれないが、これはたとえなので、ご理解いただきたい。「**猿も木から落ちる**」「**河童の川流れ**」「**天狗の飛び損ね**」「**弘法も筆の誤り**」「**釈迦も経の読み違え**」「**孔子の倒れ**」などと同類と考えていただければいいだろう。

言行一致は美徳だが、実践するのは難しい場合も多い。これが個人のレベルであれば「仕方がない」で済むかもしれないが、政治家など責任ある立場の人間であれば大問題だろう。コロナ禍において、外出自粛を呼びかけながら自分たちは陰でこっそり宴会などを楽しみ、それがバレても平気で嘘をつく人々がはびこっているのは、どこの国だったろうか。

071

おとなしい人の下から百の悪魔が覗く

クロアチア

この情景をもう少しくわしく描写すれば、おとなし気に見える表情をした人の陰から百もの悪魔がこちらを覗いているというものだろう。

日本でこれに近いものは「外《げ》面《めん》似《じ》菩《ぼ》薩《さつ》内《ない》心《しん》如《にょ》夜《や》叉《しゃ》」だ。外見は菩薩のように柔和であるも、内面は夜叉のように険悪というもので、外面と内面が矛盾することだ。意味としては「人は見掛けによらない」に通じる。

他の外国のものでは「静かな沼には魔がひそむ（ロシア）」「毛皮の下にますらお、もつれた毛の下に駿馬（モンゴル）」「仏門に入った猫でも鼠を捕まえる（スリランカ）」「野牛は黒くても白い乳をだす（ブルガリア）」「酒は樽によっては分からない（英語）」「金を包んでいる雑巾（タイ）」「正面では良い顔、後ろを向くとトゲを刺す（エジプト）」「宝石箱で宝石の良し悪しは決められぬ（英語）」など、さまざまなものにたとえられている。いろいろあるなかでもっとも広がりのあるのが「吠える犬は噛まぬ」で、ヨーロッパの広域や東南アジア、日本にもある。ただ、日本のものは外来の可能性が高そうだ。

072 静かな流れは深い

ドイツ

本当に実力や能力を持つ者はみだりにひけらかすことはしないとのたとえ。日本の「**能ある鷹は爪隠す**」にあたる。

川の流れは浅い瀬だと音高く流れ、深い淵だと静かに流れることからいう。同義のものでもっとも古いのは1世紀頃のラテン語の「**最も深い河の流れは最も静か**」。これが元となり西欧を主に、「**音を立てない流れが橋を壊す**（イタリア）」「**深い川は音を立てぬ**（ネパール）」などのバリエーションを生み、広まった。

川以外では動物ものが多く、「**猫は爪を隠す**」は英語と韓国にあり、「**良い犬跳ねず、良い猫なかず**（中国）」もある。トラは「**爪を隠したトラ**（タイ）」「**ネコのように座っているがトラのようにとぶ**（インドネシア）」や「**虎豹は爪をあらわにしない**（中国）」。さらには「**突く牛は声をあげずに突く**（朝鮮）」「**良い魚は海の底深く泳ぐ**（マルタ）」もある。

植物の例は「**一番実のなる枝が一番低く垂れる**（英語）」など。

073 ワインは年寄りのおっぱい

スイス

おっぱい（ミルク）は赤ん坊にとって唯一の栄養源。離乳するまで他のものは口にしない。老人にとってのそれはワインであるということ。一言でいってしまえば、年寄りの栄養源はワインということになる。

もちろん、これは誇張表現だが、どこかユーモアがある。西欧には広く「**酒は老人の乳（ミルク）**」という表現があるが、日本語の翻訳上の問題か、すこし違和感がある。日本のことわざでは「**酒は百薬の長**」にあたり、これにもっとも近いのが「**強い酒ほどの良薬なし（オランダ）**」で、日本より強く酒を讃えている。

酒に関することわざは世界中に膨大に存在するが、酒の肯定派は少数派だ。とはいえ、西欧によく見られるのが「**良いワインは良い血を作る**」「**良いワインは人の心を喜ばせる**」だし、ユダヤ人は「**ワインは最良の薬**」、台湾でも「**人生酒ありすべからく酔うべし**」と讃える。年寄りにうれしいのは「**よい酒は老人を若返らせる（ドイツ）**」だろう。

074

優れたホメロスも居眠りをする

古代ローマ他

名人や達人も誤りを犯すということ。日本の「**弘法も筆の誤り**」に同じ。ホメロスはギリシア最古期の叙事詩『イリアス』『オデュッセイア』の著者として知られる。

ラテン語に見られることから西洋に広まり、類句も世界中にある。この中で人にたとえたものとしては「**項羽も転んで怪我をすることがある**（韓国）」「**英雄も落馬する**（中国）」「**馬乗り名人が馬上で死に、泳ぎ名人が水中で死ぬ**（チベット）」「**力士も太い草につまづく**（モンゴル）」「**間違わない弁護士、死なない医者**（ミャンマー）」「**打ち込まれたことのない剣士はなく、敗れないチャンピオンもいない**（インドネシア）」「**老婆にも間違いはある**（ロシア）」「**鍛冶の巨匠もなまくらナイフをつくる**（英語）」「**最高の御者も馬車をひっくり返す**（ドイツ）」「**最高の書記もインクのしみを作る**（スペイン）」「**どんな知恵ある者にも誤りあり**（アラビア語）」「**最高の料理人も豆を焦がす**（メキシコ）」「**最高の狩人から野兎が逃げる**（ベネズエラ）」などがある。

この他、人以外にも馬・雌鶏・トラ・リス・魚、馬車・象牙・老舗の店など驚くほどバリエーションがあり、世界中の人々に共通するものだとわかる。

Column 4

ことわざの魅力

ことわざの魅力を伝える方法はいろいろあるが、ことわざが持つ特色などを挙げることがわかりやすく効果的かと思う。まとめると、以下のようになる。

①世界中に見られること。50年くらい前はアイヌなどには存在しないと見られたこともあったが、その後の研究で確認されたように、世界中のどこにもあると推測される。

②古い歴史があること。世界では4000年くらい前のシュメールに「**楽しきはビール、苦しきは旅路**」などがあり、日本では『古事記』に「**雉子《きぎし》の頓使《ひたづか》い**」などが見られる。

③長く言い伝えられるものがあること。「**一寸の虫にも五分の魂**」「**口は禍の門**」「**毛を吹いて疵を求める**」「**光陰矢の如し**」「**酒は百薬の長**」「**栴檀《せんだん》は双葉より芳し**」「**大器晩成**」「**玉に瑕《きず》**」「**虎に翼をつける**」などは、どれも平安・鎌倉期から続くもの。

④短い語句が多く覚えやすいこと。4音「**目には目**」、5音「**四面楚歌**」、6音「**後の祭り**」、7音「**高嶺の花**」、8音「**怪我の功名**」などから、15音「**一年の計は元旦にあり**」までである。俳句の17音より短い。反対に、17音より長いものは少数となる。

⑤語句のリズムや調子が要点をなすこと。五七調、七五調以外に多様な語調からなる。いろはカルタで見ると、「犬も歩けば、棒に当たる」（7－6音）、「論より、証拠」（4－3音）、「花より、団子」（4－3音）、「憎まれっ子、世に憚る」（5－6音）、「骨折り損の、くたびれ儲け」（7－7音）、「屁をひって、尻すぼめ」（4－5音）とさまざま。

⑥種々の技巧が凝らされていること。(a)発想の奇抜さ「這っても黒豆」「ヘソが茶をわかす」、(b)誇張「鶴は千年亀は万年」、(c)押韻・同音反復「見ざる聞かざる言わざる」、(d)ことば遊び「雨の降る日は天気が悪い」、(e)反意語組み合わせ「借りる時の地蔵顔、返す時の閻魔顔」、(f)洒落「蟻がタイなら芋虫やクジラ」、(g)列挙法「地震雷火事親父」、(h)人名化「平気の平左衛門」「二八月荒れ右衛門」、(i)掛詞「よく結え（言う）ば悪く言われる後家の髪」、(j)逆説「負けるが勝ち」

⑦内容が森羅万象に及ぶあらゆる事象が扱われること。図書館の十進分類法にあたるもののうえに、ことわざ特有の分類（「量と質」「時間」「自己と他者」「価値」「喜怒哀楽」「嘘と真実」「外見と内実」「部分と全体」「目的と手段」等々）が加わる。

⑧語句の形や意味が時代とともに変わるものがあり、あたかも生き物のようであること。

⑨新しく創作されるものもある。「おまわりさんもスラれる」は50年前の小学生の作品。

075 妻と夫の間には指も入れるな

イタリア

日本のことわざ「**夫婦喧嘩は犬も食わぬ**」と同じ意味ながら、夫婦の間に指を入れる情景は思い浮かべづらい。

「**樹皮と木の間に指を突っ込むな**」との言い回しがポーランドなどにあるが、木の皮と幹とは一体のものなのでその間に指を突っ込むということは無茶な行為であり、余計なお世話になる。また、ポルトガルには「**夫婦の間には匙を入れるな**」ともある。匙を入れるとは干渉する意。このことわざもこれらの一種のバリエーションといえるだろう。

とにかく、「**夫婦喧嘩は収入も財産も遺産もふやさない（フランス）**」のであり、「**夫婦喧嘩は貧乏の種蒔き（日本）**」ともいわれるから喧嘩は避けるに越したことはない。「**結婚生活を長続きさせようと思ったら妻は盲目に、夫はおしになれ（ドイツ）**」とのことわざが夫婦関係の正解なのかもしれない。なにぶん夫婦というものは「**昼は喧嘩し夜はベッドを共にする（ユダヤ人）**」存在なのだから……。

076 天使の僕《しもべ》より悪魔の頭

マルタ

マルタは地中海の中心に浮かぶ島々。現在は観光の島として名高い。首都のヴァレッタは町全体が世界遺産。人口の二倍の70万匹の猫が住み、小型の愛玩犬・マルチーズの原産地としても知られる。マルタ語（アラビア語の口語の変種の一種）と英語が公用語。

ことわざの意味は大きな組織の下っ端より小さな組織のトップがいいということ。

日本のものでは「**鶏口となるとも牛後となるなかれ**」に相当する。もっとも古い類例は「**私はローマの二番よりここでの一番でありたい（古代ギリシア）**」。カエサルがスペインの財務官として赴任する際にアルプスの貧しい地域を目の前に言ったというもの。これを受け継ぐように西欧では「**ローマの二番より村の一番**」が広まった。この他に「**ライオンの尾より猫の頭の方がまし（ロシア）**」「**ハエの頭の方がライオンの尻尾よりはまし（アルメニア）**」「**虎の尾となるよりハエの頭となれ（モンゴル）**」「**大船の船員より小舟の船長（インドネシア）**」「**船の奴隷よりボートの持ち主（スイス）**」などがある。

077

空が落ちてきたら皆に青い帽子ができる

オランダ　ベルギー

余計な心配はしないで気を大きく持っていようという意。

青空が落ちてきたとしても、地上のすべての人が青い帽子をかぶることになるだけ、という超楽観的な途轍もないスケールの大きな言い回し。しかも、青天を青い帽子に見立て、奇抜ながら洒落た表現に仕上げた秀逸なことわざだ。

この対極が**「杞憂」**。こちらは中国の故事で、杞の国に天が落ち地が崩れ自分の居場所がなくなると心配して、食べることも寝ることもできなくなった人がいたとの寓話に基づく。必要もないことを気に病むこと。

世の中にはどんなに考えても答えのでない問題もあり、なかには熟慮してもかえって混迷を来すこともあろう。日本の**「凝っては思案にあたわず」**になる。自らを追い込んで活路を見いだせればよいが、必ず成功するものではない。心配し過ぎるよりも身を少し引き、心のゆとりを持ってゆったりと対処するのも有効だろう。

078

フランス

体にはワインを、魂には笑いを

楽しくワインを飲み、朗らかな気持ちを持つことが大事だということ。日本のものにあてはめれば「**笑う門には福来る**」とほぼ同義だろう。もちろん、フランスの方にはワインがプラスされている分、とくに酒飲みにはうれしい。

世界的にも、明るい健康的な笑いを高く評価することわざは少なくない。体にいいとするものには「**笑いは最高の薬**（ドイツ、ロシア）」と崇められ、「**笑って太れ**（英語）」では明るく愉快な人になりなさいとなる。さらには「**悲しむな、笑いは魂の栄養**（チリ）」「**笑いはすべての病の薬**（トルコ）」「**笑いは人生の塩**（スペイン、メキシコ）」「**笑いはよき血をつくる**（イタリア）」と、心身の妙薬の扱いだ。

笑いにもいろいろあり、「**最後に笑う者が最もよく笑う**（ラテン語）」は、最後に勝利をおさめた者の快心の笑いだが、「**笑いなさい、されば世界はあなたに微笑もう**（アラビア語）」「**いつでもできるだけ陽気であれ、人は悲しむ人を喜ばない**（英語）」には、前向きな優しさを感じる。

079

狼の両の耳をつかむ

フランス

身動きできないことか、どうにもやり繰りできないことをいう。日本のことわざでは「**二進も三進も行かぬ**」に相当する。

では、なぜ狼の耳をつかむとそうなるのだろうか。ラテン語に「**狼の両の耳をつかんでいる**」という言い回しがあり、留めておくことも離すこともできないことを指すとされている。手を掴んだままでいることも手を離すこともできないというものだ。日本にも「**狼の金玉で触り手なし**」ということわざがある。実際に試した人はいないだろうから推測になるが、狼は怖いから誰もがおいそれと手で触れないわけで、もし触ってしまったら怖くて身動きできなくなるかもしれない。まして急所に触れようものならとんでもない逆襲だってあり得る。

同義のものとしては「**悪魔と深海のはざ間**（英語）」「**十字架と釜の間にいる**（ポルトガル）」がある。十字架は磔で、釜は宗教裁判での拷問の道具のことだ。さらには「**金槌と金床の間に板挟みになる**（フランス）」「**丘に登ることも谷に下ることもできず**（ルーマニア）」というのもある。

080

どこの家のクローゼットにも骸骨がある

英語

どんな人や、どこの家庭にも部外の者に知られたくない汚点や心配事があるということを指すたとえ。

このことわざは、決闘で殺した恋敵の骸骨を戸棚に隠し持っていたという男の話に由来する。ある人が苦労や悩みを持たない人を捜し求めていた際、幸せそうな1人の婦人が見つかった。その女は「自分の悩みは胸の内にしまっておきたいのだが、夫が骸骨にキスせよと毎晩、迫る」と語ったのだ。毎晩、夫に殺された昔の恋人の骸骨に対面させられるわけだから、妻の心労は計り知れない。このように何事もないかのように暮らしている人間の裏面には、人知れない闇が存在するというものだ。誰にも口外せず、死んで墓場に持って行くようなことは多かれ少なかれ人にはあり得る話。いたずらな詮索は慎み、そっとしておく思いやりを持ちたいものだ。

日本のことわざでは「**叩けばホコリが出る**」「**脛に傷持つ**」が相当する。なお、韓国には「**はたいても埃の出ない人はない**」と、日本と驚くほどそっくりな言い回しがある。

081

大きなジャガイモを集めるのが最高

アイルランド

アイルランドはイギリスの西隣の国。隣国ながら元々はイギリスとは使用言語が異なる。英語がインド・ヨーロッパ語族のゲルマン語派であるのに対してケルト語派のゲール語が公用語となる。しかし、国の第一言語はゲール語だが、現在もっとも話者数が多いのは英語だという。このことわざはゲール語のものだ。

ことわざの意味は、大きいものは小さいものより役に立つということ。ジャガイモを収穫する際には袋に詰め込むので、ジャガイモが大きければ袋はすぐにいっぱいになる。同義のものでは「**大は小を兼ねる**」と重なる。ただ、これに類したことわざは世界的には少数派。「**大なる花瓶は小なる花瓶をも含む**（**シリア**）」「**大きな器にはたくさん入るし、ちょっぴりも入る**（**ルーマニア**）」「**大は小を包含する**（**英語**）」「**ゆったりしていれば着られるが、窮屈であれば破れる**（**英語**）」などが挙げられる程度だ。

反対の意味のものは日本の「**山椒は小粒でもぴりりと辛い**」を筆頭に、「**小さい鍋は早く沸く**（**ハンガリー**）」「**エビは小さくても海を渡る**（**ミャンマー**）」など多数存在する。

082

きれいな花ほど早く萎《しお》れる

イギリス

皆が賛美する花ほどすぐに萎れてしまうということから、人から羨ましがられるほどの美人はかえって不幸な目に遭いやすいというたとえ。

日本での「佳人《かじん》薄命」「美人薄命」にあたる。たとえば、対象となる花が見映えのしないものであれば多くの人が視線を注ぐことはないだろう。人は関心を持たねば対象となる存在は希薄化し、そのうち忘れてしまう。反対に対象物がすばらしく魅力的であれば多くの人の目を惹き、注目度もアップする。そのため、桜のように見事な花を咲かせ、すぐに散ってしまうものには人々の惜しむ声は大きい。注目されていない花が咲こうと萎れようと誰も気づかないので、このことわざは注目度の差によって生まれたと言えるかもしれない。

この反対の意となるのが日本の「憎まれっ子世にはばかる」、人から憎まれるような者ほど世間ではばをきかすというのだ。

083 犬と眠る者はノミと一緒に起きる

スペイン

犬と一緒に寝る人は犬にいたノミに食われて目を覚ますというもので、日本の「朱に交われば赤くなる」にあたる。人はつきあう仲間や環境に影響されるということのたとえ。

76ページのコラム2でも述べたように、恐らく世界でももっとも同義のものが多いことわざかもしれない。とくに、犬にたとえて悪影響を受ける意味のものはもっとも多く、西欧を主に17言語に及ぶ。他に動物にたとえたものはオオカミが6例、ロバが2例の他にライオン・虎・牛・山羊・ラバ・鳥・サギ・カラス・ニワトリ・ワタリガラス・蛙などがいる。これが植物だと「腐ったリンゴは他のリンゴを腐らせる（スペイン）」のようなリンゴが8例で抜きんでて多い。さらには「金に近づけば金に、玉に近づけば玉に似る（中国）」「鍋に触れれば煤がつく、悪に触れれば傷がつく（ウイグル）」「粉ひき所のそばを通ると粉まみれ（タジキスタン）」「なめし皮屋の匂いはただでも身に付く（ユダヤ人）」「タールに触る者はタールで汚れる（スロベニア）」などさまざまだ。

084

オオカミに告白するヒツジは愚か者

スペイン　ポルトガル　メキシコ

自分から災いを招いたり、危険な目にあったりすることのたとえ。日本の「**飛んで火に入る夏の虫**」に相当する。

グリム童話の「赤ずきん」からも知られるように、ヒツジにとってオオカミは自分を食い殺す怖い怖い天敵。そんな天敵に身をよせて告白などしようものなら、たちまち食われてしまうのは確実だろう。

オオカミに対するイメージは、西欧ではヤギやヒツジなどの家畜を襲う害獣であり、不気味な悪の代表格。他方、ヒツジは気の弱い臆病者、あるいは善良な生き物のイメージがある。善悪の対照的な動物なのだ。

日本のことわざでも動物はよく登場するが、ことオオカミとヒツジに限ってはマイナーな存在。「**羊頭狗肉**《ようとうくにく》」「**前門の虎後門の狼**」のような有名なものもあるにはあるが、他のものの知名度は低い。現代知られる唯一と言えそうなものは「**羊の皮を被った狼**」だが、これも戦後に西洋からもたらされたものだ。

085 スープと恋とは素早く飲むほうが良い

スペイン・カタロニア語

カタロニアはスペイン北東部の自治州。ピレーネ山脈を隔てフランスに接する。カタロニア語を話す独自の文化をもっており、1930年代のスペイン内戦では人民戦線軍の拠点であった。

ことわざの意味はものごとの時機を失するなということ。スープが冷めたらまずくなるのは明らか。恋も初めのうちに燃え上がらせた方がいいということだろう。

しかし、「**熱々の恋はすぐ冷める**（英語）」ということわざもある。これだと、さらに「**愛情がなくなればアラばかりが目立つ**（英語）」という事態に発展しかねない。

こうした状況を回避する方策のひとつが細く長く作戦。英語のことわざ"Love me little, love me long"の秀逸な訳である「**少し愛して長〜く愛して**」という言い回しが1980年代のウイスキーのテレビCMのキャッチコピーとしてお茶の間に流れた。当時のトップ女優・大原麗子のハスキーボイスの囁きで。

086 友を多く持つ者は牢獄で死なない

ポルトガル

友人が多い人にはなんらかの救いの手があるものだとの意。

類似したことわざには、「友は千人でも少なく、敵は一人でも多い（イラン）」「神は一人もつだけで十分だが、友だちはたった一人では少なすぎる（チェコ、スロバキア）」「友が多ければ心の広がりは草原のよう、友が少なければ心の狭さは手のひらのよう（チベット）」「百ルーブル持つより百人の友を持て（ロシア）」などがある。

さらに逆境に際した場合には「友の良し悪しが分るのは食卓ではなくて牢獄の中だ（セルビア）」「友は牢獄で役に立つ食卓では敵も友に見えるから（イラン）」といったように、大勢の友を持つことへの評価は高い。

しかし、**「本当の誠実な友を見つけるよりも、海の底まで干すほうが易しい（フィリピン）」**のように真の友を見つけることは容易ではないし、**「自分一人でいる方が悪い仲間といるよりまし（スペイン）」**なのだから、ことは単純にはいかない。

087

マムシに噛まれた者は縄まで怖れる

モロッコ・ベルベル人

ベルベル人は北アフリカの広域に居住する先住民族。モロッコはアフリカ大陸ではヨーロッパにもっとも近く、北方にスペインを望む。

ことわざの意味は以前の失敗に懲りて過剰に用心すること。マムシに嚙まれた者が似た形状の細長い縄を怖がるというものだ。

日本の「**羹《あつもの》に懲りて膾《なます》を吹く**」にあたる。羹は肉と野菜の入る熱い吸物。膾は古くは細かく切った生肉。お吸物で舌を火傷したので冷たい生肉をふうふう吹くというのだ。見出しのものにそっくりな「**蛇に嚙まれて朽ち縄におじる**」というのもある。

同義のことわざは世界中に見られる。動物にたとえたもので犬・牛・猫・ロバ・スッポン・サソリ・トカゲ・ミミズ。飲食類としてミルク・スープ・粥・ヨーグルト。もちろん、人間もおり、西欧に火傷した子どもの例が多くある。

その他、やや毛色の異なるものを少し紹介する。「**燃えた薪で打たれた犬は稲妻に怯える**（ネパール）」「**火事に驚いた牛は夕焼けの雲を恐れる**（インド・ベンガル語）」「**難破したことのある水夫は海洋の航行を怖がる**（英語）」。

088

指一本では額は洗えぬ

ソマリア

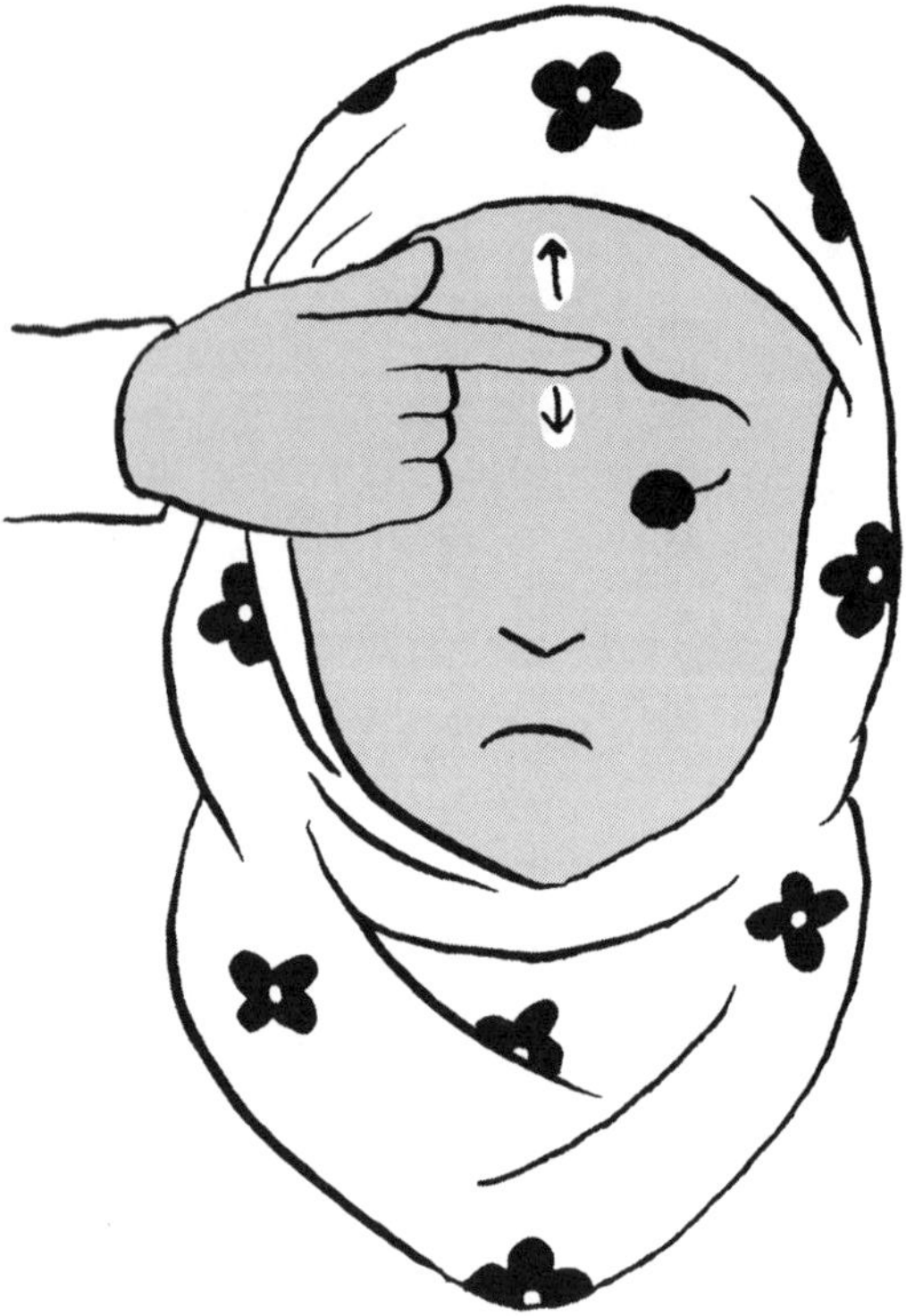

ソマリアは東アフリカの「アフリカの角」と呼ばれる地域にあり、インド洋に面している。近年は内戦など国土が戦乱に見舞われている。人口の大部分が牧畜民。

このことわざは、生きていくには互いの協力は欠かせないことのたとえ。指1本でも額は洗えないことはないが、時間がかかり効率が悪い。両方の手のひらで洗えば簡単だ。同じように、1人は非力だが複数の人なら上手くいくということ。日本の「**片手で錐《きり》はもまれぬ**」「**孤掌《こしょう》鳴りがたし**」「**世は相持ち**」に相当する。

指や手を用いたものには「**一本の指では重い荷物を運べない**（ガーナ）」「**一本の手では荷物はしばれない**（カメルーン）」「**一本の指でシラミはつぶせぬ**（ケニア・キクユ族）」「**拍手は片手では鳴らない**（パキスタン）」「**片手だけで何匹ものノミをつかまえるのはむずかしい**（中国・プイ族）」「**両手が合ってこそ音がでる**（朝鮮）」など各地に見られる。その他「**友情は片足では立っていない**（英語）」「**一本の木は火にならない、一人の人は家族にならない**（モンゴル）」「**一本の木では果樹園はできない**（インド・タミル語）」もある。

089

歯痛のような苦しみはない、結婚のような難儀はない

チュニジア

文字どおりに解すれば、「歯の痛みは最高の苦痛であり、結婚は、これまた苦しくて面倒なもの」ということ。歯痛は虫歯などが原因となり、いろいろな痛みをもたらす。ズキズキとうずくような痛みもかなり辛いが、歯の治療中に歯の神経に触られた場合には飛び上がるほどの鋭く強烈な激痛が走る。痛みの鋭さでは最上級のものだろう。

他方、結婚に対しては一様ではない。「平和な結婚は地上の天国であり、いさかいの結婚はこの世の地獄（英語）」「結婚とメロンは、ひょっとしてうまいのにあたることがある（スペイン）」ともいうが、多くのことわざは結婚に対して肯定的ではない。「結婚は熱病とは逆に、発熱で始まり悪寒で終わる（ドイツ）」もなかなかだが、アルバニアの「（男が）結婚するのは死ぬのと同じ」「神が人々をつくり、悪魔がこれを夫婦にする」も激烈。極めつけは「結婚は人生の墓場」。これはフランスの詩人ボードレールの言葉として知られ、戦後の日本でも使われていた。

090

刺した者が忘れても刺された者は忘れない

エチオピア

他人に怪我を負わせた人がその事実を忘れることがあっても、負わされた人は忘れないということ。被害者と加害者の関係をうまく言い表している。

子ども時代のいじめもそう。やられた方はしっかりと覚えているものの、やった方はからかった程度に思っているから記憶に残り難い。これが個人のレベルを越え、民族間や国家間で生じれば癒し難い禍根となり、歴史にきざまれる。本当の苦しみは当人しかわからないもので、他人はせいぜい寄り添うのが精いっぱいなのだ。

日本の「**人の痛いのは三年でも辛抱する**」にあたる。他の類例では、「**他人の不幸は髪の毛一本ほどの重さ**（ポルトガル）」「**他人の手の傷は壁の亀裂**（アゼルバイジャン）」「**他人の災難は夢のようなもの**（セネガル・ウォロフ族）」のように他人事とする程度ならまだしも、「**他家の火事見物をしない君子なし**（朝鮮語）」「**他人の目に入った胡椒は清涼剤**（ポルトガル）」などになると、他人の不幸を喜ぶ歪んだ人間の心性をうかがわせる。

091

父より先に子が盗人を見つける

東アフリカ・マサイ族

子どもが親より優れているとか、年長者が年少の者から教えられることをいう。日本のことわざでは「**出藍《しゅつらん》の誉れ**」「**竹の子親まさり**」「**負うた子に教えられ浅瀬を渡る**」に相当する。

マサイ族は東アフリカのケニア南部からタンザニア北部に住む遊牧民。彼らの身体的特徴として驚異的な視力を持つことが知られる。3・0〜8・0の視力と推定されるそうだ。日本のテレビ番組で計測した例があり、それによるとなんと12・0だったという。これは視力表の2・0の箇所が30メートルはなれた位置からわかる視力になるのだそう。こんな図抜けた視力の持ち主であれば遠方での盗みの行為はすぐに気づくはず。また、彼らは垂直ジャンプを繰り返す踊りで有名で、もっとも高く跳んだ男が村いちばんの美人を娶《めと》るそうだから、持ち前の視力にジャンプが加われば視界はさらに広まる。それでも背の低い子どもが先に盗人を見つけるということは、悪事を見つけるのは単に目のよし悪しやジャンプ力だけではないということなのだろう。

092

両方からくる肉の匂いがハイエナの足を折る

ケニア・キクユ族

キクユ族はケニアに住む農耕民。ことわざの意は両方から肉のいい匂いがしたために ハイエナがどっちつかずに陥り、ついには足を折ってしまうというもの。もちろん現実にはこんなことはあり得ない。ことわざ特有の誇張表現だ。

日本で知られることわざで言えば「二兎追う者は一兎をも得ず」「虻蜂取らず」があてはまる。

ハイエナはアフリカ、西南アジア、インドに生息する。種類によるが、主にライオンやトラなどの食べ残しの死肉を食べ、時にはヒツジやヤギなどを襲うのだそうだ。不気味な人間の笑い声のような鳴き声や、動物の皮や骨までも食い尽くすことから、「草原の掃除屋」「死肉漁り」といったニックネームがついてまわる。集団で相手から横取りする狩りの仕方もあってか「ハイエナのよう」との言い回しもあり、ずる賢い悪人のイメージを持たれる。一方で、足を失った仲間（肉の匂いで失ったわけではない）を群れで守るような優しさもあるそうで、世間のイメージとは異なる面もある。

093

旨いものには耳が揺れる

ケニア・キクユ族

美味しい物を食べると感嘆のあまり体がのけぞり、耳たぶにつけたイヤリングが揺れることを指す。

キクユ族のイヤリングには、長いもので5センチくらいの紐の輪がぶら下がるものがあり、傍目ではイヤリングが耳の一部となって揺れているように見えるという。

日本のもので言えば「**頬が落ちる**」「**ほっぺが落ちる**」「**頬っぺたが落ちるよう**」などに相当する。現代の主なことわざ辞典には掲載されていないが、古くは幕末の『(国字分類) 諺語』に「頬が落る」、江戸の三大辞典のひとつの『俚言集覧《りげんしゅうらん》』に「頬が落るやう」とあり、明治期には近代的なことわざ辞典の白眉である『諺語大辞典』にはあるものの、後続のことわざ辞典に受け継がれていないようだ。筆者も70年近く前に祖母が口にしていたのを記憶しており、戦後間もなくは一般に使われていたと思われる。古くは「**頤《おとがい》が落ちる**」「**あごが落ちる**」と言っていたものの、こちらも今は見聞きしなくなっている。

ケニアと日本の両方を見ると、耳か頬かの違いはあるが、人間は美味しい物を食べたときのサインが顔の辺りに出るようだ。

Column 5

ことわざと視覚芸術

ことわざは言語作品のひとつだが、言語以外にも表現されている。子ども向けには漫画などがよく知られており、大人では絵画などいろいろなジャンルでさまざまなものに及んでいる。そのなかでも世界レベルで有名な作品が、ブリューゲルの「ネーデルラントのことわざ」だ。一枚の絵のなかに百近くのことわざの絵が描かれているベルギーの国宝でもある。西欧には、これ以外にも版画や油彩画、木彫作品も数多くあった。

日本にもことわざに関する国宝がある。春日大社が所蔵する鎌倉時代の鎧兜で「竹に虎」と「竹に雀」の2つの文様が施されているものだ。いまなお鮮やかな赤色が保たれ金で細工された豪華な逸品。もうひとつは水墨画で如拙《じょせつ》が描いた室町時代のものだ。「瓢《ひょう》鮎《ねん》図」とよばれ「**瓢箪で鯰を押さえる**」がモチーフになっている。

21ページでも触れているが、日本には鎌倉時代から「猿猴が月」を画題とする絵画作品が長きにわたり描かれ続けてきた。水墨画では雪舟を始め土佐光信、長谷川等伯、狩野派では探幽《たんゆう》や常信、琳派では俵屋宗達、尾形光琳、風景画で有名な円山応挙、奇想の絵師として近年注目される伊藤若冲、曽我蕭白《しょうはく》、長沢芦雪《ろせつ》。他に俳画で井原西鶴、与謝蕪村、禅画の白隠《はくいん》、銅版画の司馬江漢、文人画では谷文晁《ぶんちょう》、渡辺崋山もいる。浮世絵となれば春信、歌麿、北斎、豊国、国芳など有名どころがずらりと並ぶ。明治時代は江戸期ほどではないものの、漆絵の柴田是真《ぜしん》、社会風刺漫画の小林清親、南画の富岡鉄斎、洋画の浅井忠、日本画関西画壇の橋本関雪《かんせつ》。同じ日本画家には横山大観や川合玉堂《ぎょくどう》もいれば、河童絵で知られる小川芋銭《うせん》、漫画家の北沢楽天など多数にのぼる。戦後は、漫画家やイラストレーターが活躍し、清水崑、辻まこと、富永一朗、畑田国男など多数いる。

絵画以外が、これまた凄い。社会や生活の場の至るところにみられ、信仰関連で神社仏閣の石像・絵馬、武具で鍔《つば》や小柄、茶の湯関連で香炉や釜、水滴や硯の文具、印籠・根付・煙草入れなどの装身具、商用品で看板・チラシ。カルタや双六、凧・独楽などの遊具。とくにいろはカルタは、日本が誇る世界的にも稀有な存在だ。こうした種々のものが染織物、焼物、金工品、木工品、紙製品として表わされて人々に親しまれていた。最後にことわざ絵集の傑作をいくつか紹介したい。鳥羽絵の一種で『軽筆鳥羽車《けいひつとばぐるま》』、鍬形蕙斎《くわがたけいさい》『諺画苑《げんがえん》』、河鍋暁斎《かわなべきょうさい》『狂斎百図《きょうさいひゃくず》』、絵巻物では『鳥羽絵狂句合《きょうくあわせ》』、高久隆古《たかくりゅうこ》『いろは譬絵巻』などがある。

094 イタラの薪は炉の薪を笑う

ケニア・キクユ族

イタラはキクユ族の炉の上に吊られた小枝を組んでつくられた棚。日本の火棚に相当する。火棚は囲炉裏の上を覆う屋根のようなもの。

ことわざが示す情景は、イタラに置かれた薪が炉にくべられた薪を上から見てあざ笑うというものだ。そのうち、自分も棚から降ろされ炉にくべられるのを知らずに……。つまり、他人事だと思っていたことが、次には自分の身に降りかかってくるのも知らずのん気に傍観する様子を描写している。

日本のことわざで近い意味のものは「**まな板の鯉**」とみられるようだが、視点が少し異なる。キクユ族のものが他人のことを見て次が自分だとするのに対して、日本のものは我が身をそのまま対象にしているからだ。日本に近い外国の例としては「**簀立《すだ》ての中の魚のごとし（インドネシア）**」がある。キクユ族の方は「**人は神の田の稲株、刈り取られるも取られぬも、御意のまま（マダガスカル）**」に近いところがある。

095

盗みを働くヤギを他のヤギの傍らに繋げば、みんな盗むようになる

ウガンダ・チガ語

泥棒と交われば、いつしか自分も泥棒になってしまうというたとえ。

もちろん、泥棒とつきあったからといって皆が皆泥棒になるわけではないが、人間が環境に大きく影響されることからいわれるもの。とりわけ人間関係ではどのような友人と交際するかは大事だ。「善悪は友による（日本）」というように、友人がいいか悪いかで善人にも悪人にもなってしまう。

ところで、なぜヤギが使われたのだろうか。ヤギは西欧などでは古くから悪魔の象徴とか、好色淫乱のイメージが持たれており、こうした文化的な背景も関わっていると想像される。似た動物にヒツジがいるが、こちらは対照的に善なる存在であり、気の弱い臆病者のイメージがある。これは、“separate the sheep from the goats”（善と悪を区別する）という英語の慣用句にも端的に表現されている。

なお、チガ語とはウガンダに住む文字を持たない部族の言語。このことわざは、2020年刊行の『世界ことわざ比較辞典』において、世界で初めて公開された。

096 子供の笑いは家の灯火

スワヒリ語

スワヒリ語はアフリカ東海岸部で国境を越えて広く使用される言語。ことわざの意味は、子どもが笑顔でいるのはその家の希望の光だということ。

子どもについてのことわざは肯定的に見るもの、否定的に見るもの、また、中間的なものがある。肯定が多数派で、これはそのうちのひとつだ。歴史的に古いものでは旧約聖書に**「子供たちは神の賜りもの」**とあるし、サンスクリットに**「子供のいない家は墓だ」**とある。墓場にたとえているものは**「子のいる家は市場、子のない家は墓地」**がロシア地域のタタールやウズベキスタンにあり、一定の広がりが見られる。神との関わりをいうものでは**「子供は天国への橋（ペルシア語）」「子供は神と話す（アフリカ・バンツー族）」「小さい子供は神の名前がわからないが、神は子供を愛される（インド）」**などとある。また、**「子供は両親の間の融和のボタン穴（アラビア語）」**は、あたかも日本の**「子はかすがい」**を連想させる。

097 どの川にもそれより大きな川がある

カメルーン・フルベ族

フルベ族はサハラ砂漠の南に住む半農半牧民。居住地はいくつもの国にまたがっているが、このことわざはカメルーンのもの。日本のことわざでは「上には上がある」に相当する。

流域面積で言えば世界最大の川はアマゾン川になるのだが、そうした事実は関係なく、人間の経験的・実感的なたぐいに基づいたことわざだ。世の中には自分がいるところより広く大きなところがあり、人間にあてはめれば、世間にはもっと優れた人や立派な人物がいるという世界観を表しているのだろう。

類例としては「**青もあればもっと優れた青もある**（英語）」「**だれでも自分以上の達人を見出す**（ドイツ）」「**盗人が盗人から棍棒を盗む**（ロシア）」「**小さい雄鶏の上に大きい雄鶏、そのまた上にハヤブサ**（ネパール）」「**手の上には必ず手があって神の家に至る**（クルド語）」「**高い山にはもっと高い山がある**（中国）」などがある。

ナイジェリア

098

一本脚のコオロギは乾季のうちから穴を掘りだす

ナイジェリアは西アフリカに位置し、国土面積はアフリカ最大、人口も2億人も数え世界で7番目の大国。250以上の民族・部族が暮らし、言語は500以上だというからものすごい。

このことわざが意味するのは、ハンデのある者は人より早目に準備する必要があるということ。コオロギは石の下や巣穴に棲むので、穴とは巣穴のことを指す。ただ、実際のコオロギであれば、脚が1本では生きてはいけないだろう。昆虫では共食いも珍しくないので欠陥を持つ弱者は生存できないはずだ。

日本のことわざに適切なものが思いあたらないが、「安《あん》に居て危うきを思う」あたりが近いかもしれない。もう少し一般化するならば「備えあれば憂いなし」に相当しそうだ。

こちらには「冬に帽子を、夏に毛皮外套を買え（ブルガリア）」「夏にソリを作り、冬に馬車を作れ（エストニア）」「ムギわらを蓄えよ、使う時がくる（トルコ）」「夏に乳を搾るなら冬に養え（チベット）」といった類例がある。

099 うろつき回るヒヨコは雄のシロアリにしかありつけない

ブルキナファソ

ブルキナファソは西アフリカ中央部に位置する内陸国。1960〜1984年は「オートボルタ」と称していた。人口の半分を占めるのが、最大の民族となる農耕民のモシ族。ヒヨコにとってシロアリは雌がご馳走なのだが、落ち着きがないと美味しい餌にありつけない。このことわざでは、放浪者や非定住者をうろつくヒヨコにたとえている。

シロアリは蟻の一種と誤解されやすいが、ゴキブリ目シロアリ科で蟻とは系統がまったく異なる昆虫。家屋に被害をもたらす嫌われものだが、自然界ではセルロースを分解する重要な担い手なのだそう。

日本のことわざでは英語に由来する「**転石苔を生ぜず**」にあたる。ただ、これには相反する2つの意味があり、その片方は仕事や住まいを転々とする人は成功しないという意の方に相当する。もともとは古代ギリシアからでており「**転石は海藻を生ぜず**」。以降、世界各地に類句が見られる。もう片方は、積極的に活動する者は健康で生き生きしているとの意でアメリカの地で生まれ広がった。アメリカ人のパイオニア精神が感じられる。

100

二人が一緒に一本のズボンをはくことはできない

コートジボワール

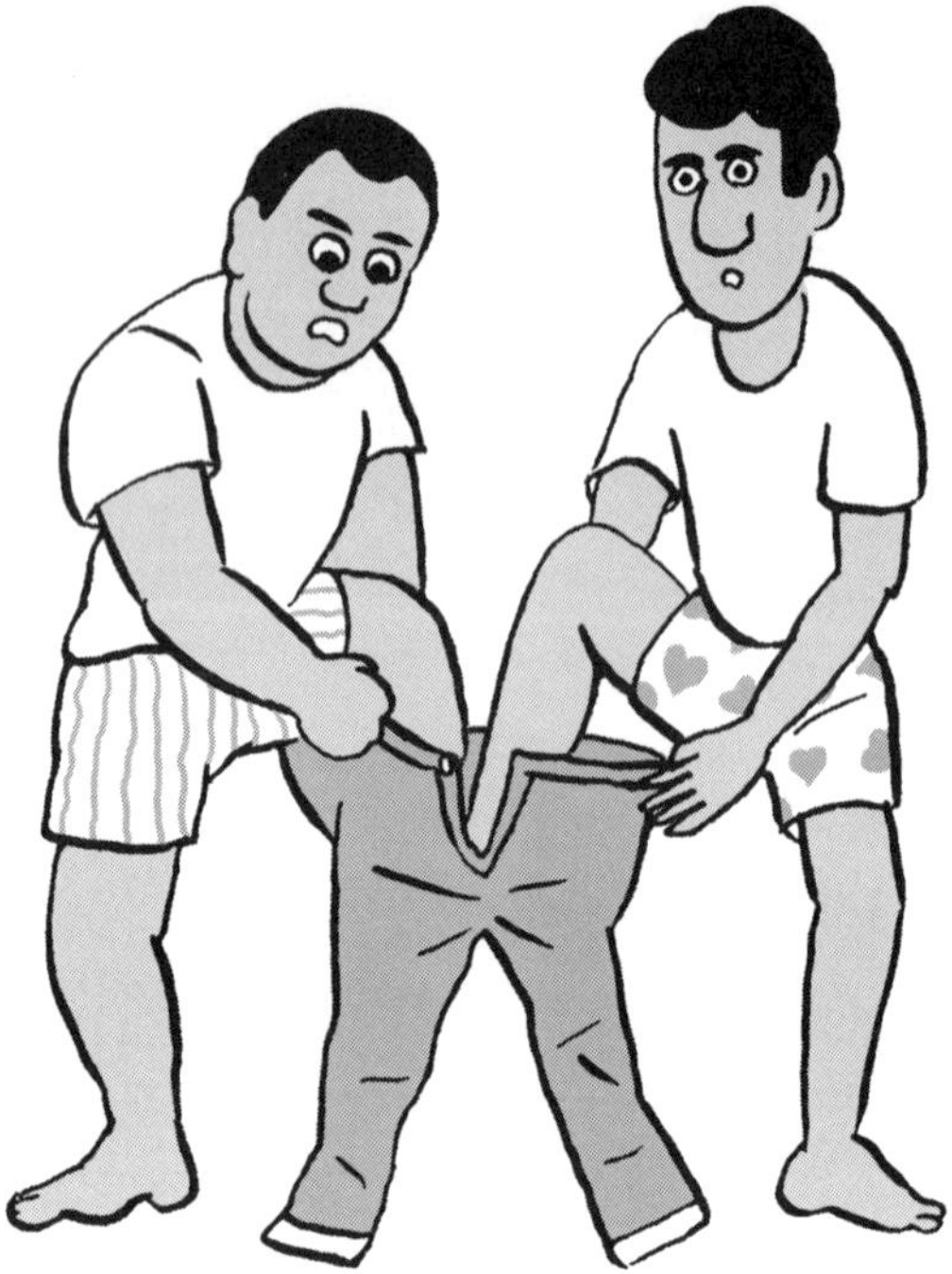

西アフリカに位置するコートジボワールは日本では象牙海岸と呼ばれていた。貿易商品のひとつが象牙だったことによる。

ことわざの意味は同時に2つのことはできないということ。日本では古くは「**虻蜂取らず**」といい、現代では西洋由来の「**二兎追う者は一兎をも得ず**」にあたる。後者のものは古代ギリシアやラテン語にあるためだろうが、西欧に限らず韓国や中国にも見られる。ただ、ウサギのものは対象が2つなのに対して、ズボンのものは対象が1つと異なっている。

たとえが異なる他のものには、「**二脚の椅子の間に座る**（デンマーク）」のように椅子の例はオランダなど西洋にいくつかある。「**片手で二つの西瓜は持ちあげられない**（イラン）」のようなスイカの例も多く、アフガニスタン、ジョージア、トルコ、マケドニアなどに広く見られる。この他にも、クルミ（アルメニア）、メロン（ジプシー）、カササギ（ポーランド）、ハイエナ（スワヒリ語）、馬（フィリピン）、ボート（カザフスタン）などさまざまなものにたとえられている。

101

虎も年を取ると犬でさえ虎にほえかかる

ジャマイカ

ジャマイカは中央アメリカに位置し、カリブ海にある島国で北方向はキューバ。カリブの女王と呼ばれる美しい国土で知られる。この国を世界的に有名にしたのは、レゲエの神様ボブ・マーリーと、人類最速の男ウサイン・ボルト。

ことわざの意味は、いかに優れた人も老いるとないがしろにされるということ。日本にも「**年寄れば犬もあなどる**」や「**麒麟《きりん》も老いれば駑馬《どば》に劣る**」がある。麒麟は天下の駿馬で、駑馬は足の遅い駄馬。老人に対しては肯定的な評価をくだすものがあるものの、多数派は否定的なものだ。

天敵の関係になる猫と鼠の場合でも「**猫も年を取り過ぎると鼠が怖がらなくなる**（ミャンマー）」とある。野生動物では「**狼が老いれば犬があざ笑う**（アラビア語）」とか「**狼も老いればカラスに跨がれる**（オランダ）」「**老いた獅子は犬を追い払わない**（ブルキナファソ）」もある。鳥の例では「**鷹が老いれば燕があざ笑う**（アラビア語）」「**イヌワシも老いれば鼠を取る**（カザフスタン）」などなかなか多彩だ。

102

黄金虫は自分の子は金の粒だと思う

メキシコ

親にとって我が子は最高にかわいいということ。日本の「親馬鹿」「親の欲目」にあたる。黄金虫は日本では野口雨《う》情《じょう》作詞の童謡で「**黄金虫は金持ちだ　金蔵建てた蔵建てた**」の歌詞で知られ、光輝くイメージが持たれる。成虫は美しい色合いだが、幼虫は金の粒どころか薄茶色で、お世辞にも美しいとは言えない。そんな子でも親にとっては金色に輝いて見えるのだろう。まったくもって「**親バカちゃんりんソバ屋の風鈴**」だ。

ところで、親が自分の子をこのうえなく可愛いとするのは世界中皆同じながら、たとえるものはいろいろ。数の多いのはカラスで西洋諸国、ネパール、トルコ、アルメニアなど12カ国に及んでいる。そこには多様な言い回しが見られ、カザフスタンでは「**カラスは我が子を白い子と呼び、ハリネズミは柔らかい子と呼ぶ**」と言っている。なお、ギリシアには「**フクロウは自分の子をシャコの子と思う**」とのことわざがあるが、ここのシャコとはもっとも美しい鳥とされているもので、寿司ダネの海のシャコではない。

103 司祭の生活に勝る金持ちなし

コロンビア

コロンビアは南アメリカ北西部に位置し、東にベネズエラ、南にペルーに接し、北にカリブ海、西は太平洋に面する。コーヒーやエメラルドの産地として知られる。

ことわざの意味は司祭以上の金持ちはいないということ。もちろん、あくまでも一般論としてのことだ。日本のことわざに置き換えれば**「坊主丸儲け」**に相当する。司祭ないし神父はカトリック教会でミサを執り行い、洗礼や説教など教会の儀式・典礼を司る聖職者で、プロテスタントでは牧師。ことわざの世界では司祭や牧師に関してはなにかと文句がいわれる。そのひとつが欲張りだとの非難だ。83ページにも**「牧師のポケットと女陰は似ている、どちらも飽くことがない」**があるが、こちらの方がもっと端的に言っている。加えて、同じコロンビアの**「神父のお金はあまり長持ちしない」**ということわざは、神父の金遣いの荒さを指す。この2つのことわざは、いわばコインの表と裏のようだ。補足になるが、ポルトガル語には**「司祭のために働く」**との表現があり、ただ働きをする意だから、これも金に関係する。

104

年取った猫に若い鼠

ニカラグア

ニカラグアは中央アメリカ中部に位置し、北西にホンジュラス、南にコスタリカ、東にカリブ海、南西が太平洋に面している。かつてはスペインの植民地であった。

ここのことわざの意味は老人が若い娘と結婚することを冷かしていうもの。「**年取った水牛には若草がとても合う**（カンボジア）」「**老いた牛でも緑の草を食べたがる**（オランダ）」のように、男の老人が若い娘に惹かれる例は多くある。日本には「**年寄の吉原通い**」とのことわざがあった。老人が遊女買いのような年齢にふさわしくない行動をとることのたとえだ。老女の場合だと「**鶯《うぐいす》鳴かせたこともある**」といい、若い男をウグイスに見立て男にちやほやされた昔を懐古すること。

このことわざでは、老人が猫に、若い娘が鼠になぞらえられているのだが、西洋では女が猫で男が鼠になる。性的な意味合いを含めれば、猫が女陰、鼠が男根となる。こうした西洋での観念がスペインの植民地であったニカラグアでどうして逆になったのか、非常に興味深い。

105

カラスを飼うと目をつつかれる

コスタリカ

恩恵を受けた人に対して危害を加えることのたとえ。日本のことわざでいえば「**飼い犬に手を噛まれる**」「**恩を仇で返す**」にあたる。

コスタリカは中央アメリカ南部に位置し、北にニカラグア、南東にパナマと接している。かつては「中米の楽園」「中米のスイス」と呼ばれ政治的に安定し、経済状態も良好だったが、近年は麻薬が横行し治安が悪化しているという。

このことわざでは、カラスは目をつつく悪者として扱われている。他にもカラスを悪者視することわざに「**カラスはカラスの目をつつきださない**（チェコ）」との言い回しや類似のものが西欧、東欧、ロシアやスラブ系の言語に多数見られる。意味は悪人は悪人の罪をあばかないこと。また、「**同悪相助く**《どうあくあいたすく》（日本）」ということになるので、悪人でさえ仲間をかばうというもの。カラスが物や人をつつくのはある種の属性であるにもかかわらず、仲間には刃となるくちばしを向けないのも本能なのであろう。英語で犬の場合は「**犬は犬を食わない**」と言うし、オオカミは「**狼は狼を餌食としない**」と言う。

106

ハゲタカに内臓の番をさせる

ベネズエラ

ベネズエラは南米北部に位置し、南にブラジル、西にコロンビアに隣接する。国民は先住民や黒人と混血した人々をふくめ、大半がスペイン系との混血でスペイン語を話す。

ハゲタカはハゲワシ類とコンドル類の俗称で生物学上は存在しない鳥。したがって南米に棲息するハゲタカはコンドルということになる。

日本人に親しまれるようになったのは「コンドルは飛んで行く」という歌の影響が大きい。アンデス山脈を飛翔する雄大なイメージが脳裏に焼きつけられる曲だ。だが、コンドルを近くで見れば、首から頭は禿げており鷲や鷹のような精悍さは感じられない。それればかりか、マイナスなイメージも伴っている。その最たるものが死骸をあさる食性だ。「ハゲタカファンド」という言葉もここから生まれたと思われる。

このことわざは、動物の死骸を食らうハゲタカにとって内臓はいちばんのご馳走であることから、過ちが起こりやすい状況をたとえている。日本の「**猫に鰹節の番**」「**盗人に蔵の番**」「**盗人に鍵を預ける**」に相当する。

107

アルマジロとアルマジロは甲羅を壊し合わない

ベネズエラ

アルマジロは北アメリカ南部からアルゼンチンに分布しており、鱗状の堅い板で体がおおわれている。英名のアルマジロは「武装したもの」を意味するスペイン語に由来するという。時には銃弾を跳ね返すほどの硬さがあるそうだから驚きだ。そのような硬い甲羅があれば敵からもちろん、同士討ちもできるものではあるまい。

これを日本のことわざでいえば仲間同士は危害を加えない意の「**同類相食まず**」が相当するといえそうだが、日本のものは古くからあったものではない。ことによると外国のものの翻訳である可能性も否定できない。

外国には、「**犬は犬を食わない**」「**ハゲタカはハゲタカを食わない**」などの他、ネコ、トラ、カラス、オオカミなどの例が英語やポルトガルなど広くある。どんなに強い動物同士であっても、もし殺し合いになれば相手を殺すことはできるだろうが、アルマジロは防御が具わっているので容易ではあるまい。いろいろな動物の中でも、ことわざの意をもっともよく表しているのかもしれない。

108 人は裸で生まれる、そして帽子をかぶって死ぬものはいない

ブラジル

金を持って死ぬことはできないということ。転じて、金の亡者になるなという意味。人はどんなに裕福な家に産まれようと皆全裸でこの世に生まれてくる。これぞ、人類皆平等。97ページには「**死はすべての人を平等にする（デンマーク）**」ということわざもある。

ところで、帽子をかぶって死ぬというのはどういうことなのだろうか。英語で帽子にあたる単語として"hat"があり、役割、職業、地位などの意味がある他に俗語として賄賂、袖の下というものもある。慣用句として"wear two hats"は「一人二役をする」「二足のわらじを履く」との意となる。英語の例からの推測になるが、ここの帽子が富とか金につながると見ても間違いではないように思われる。であるならば、あの世に金は持っていけないわけで、日本のことわざ「**金はあの世の土産にならぬ**」にぴったりあてはまるし、まったくもって明解となろう。

109

アンデスに昇るコンドルを真似るな

チリ・マプチェ族

ことわざの意味は自分の身の丈にあったことをやれということ。

チリは南アメリカ大陸の南西部に位置し、アンデス山脈の西側の南北に細長く延びた国土を有する。マプチェ族とはチリ中南部からアルゼンチン南部に住む先住民族。インカ帝国やスペインの侵略に対して長く抵抗した民族として知られる。

南北7500キロメートルで標高6000メートルを越す高峰が連なる世界最長の山脈であるアンデス山脈を飛翔するのがコンドル。コンドルはチリの国鳥であり、南米を象徴するかのように、国章にコンドルをあしらった国はチリやコロンビアなど4カ国に及ぶ。なお、国章とは国家を象徴する紋章や徽章のことで、国旗とは異なる。

人間がいくら頑張ったところで天高く舞うコンドルを真似できるわけはない。日本のことわざでいえば、サルが月を取ろうと試みて失敗に終わる「**猿猴が月**」にあたり、欲張って身を亡ぼすなということになる。サルの場合は水面に映った影を取るのに対して、コンドルはスケールが大きく、雄大な自然風景の1コマとして迫るものがある。

110

ポンチョを着てできるようになるまで待て

チリ

ことわざの意味は準備は万端にととのえ、好機を逃さずに行えということ。

ポンチョは主に中南米で着用される防寒用の外套で、チリでは農夫の常備コート。羊毛で織った分厚い布でその四角形の真ん中の穴に首を通して着用する。日本にも多く見られるのはこれを元に現代風にアレンジしたファッショナブルな別もの。

ポンチョは外套なので、見出しの場面は戸外であろうと推測され、嵐などの荒天へ備えるものだろう。ポンチョが関わることわざには「**ポンチョを失くしながら過ごす**（アルゼンチン）」「**あまり速く走らせると最後にはポンチョをなくす**（南米スペイン語）」などがある。どちらもポンチョが大事なものだということをうかがわせる。その他にも「**悪魔がポンチョを失ったところあたりで**」は遠い場所のことをいい、「**ポンチョの縞のようにまっすぐに行く**」はどこまでも直進することを指し、どちらもアルゼンチンの地元民に親しまれている。

111

チャハーのように泡だけ

アルゼンチン

アルゼンチンは南米の南部に位置し、日本からもっとも遠い国ながら近しい国でもある。マラドーナの活躍などでサッカー大国として知られるし、音楽はタンゴが有名だ。少し古くは、キューバ革命や南米各地の革命指導者であったチェ・ゲバラの出身国でもある。彼は英雄であるばかりか医師でもあり、かっこよさ抜群で、当時の若者のあこがれの存在だった。いまも反体制のシンボル的存在だ。

チャハーとは水鳥の一種で体長は85センチメートル。全身が灰色で頭のうしろにトサカがあり、目の周りと脚が赤いのが特徴。危険が迫ると「チャハー」と甲高い声で鳴くという。ことわざの意味は見かけ倒しで中身がないということ。チャハーは体は大きいのに、肉が少ないことから中身のない泡にたとえたもの。

日本のことわざでいえば**「うどの大木」「大男総身に知恵が回りかね」「見掛けばかりの空大名《からだいみょう》」**あたりが相当するだろうか。

主な参考文献

時田昌瑞・山口政信 監修、日本ことわざ文化学会 編『世界ことわざ比較辞典』岩波書店　２０２０

米原万里『他諺の空似　ことわざ人類学』光文社文庫　２００９

山形孝夫 監修、河北新報出版センター 編『世界ことわざの泉』河北新報出版センター　２００８

亜細亜大学ことわざ比較研究プロジェクト『捕らぬ狸は皮算用？・』白帝社　２００３

柴田武・谷川俊太郎・矢川澄子 監修『世界ことわざ大事典』大修館書店　１９９５

北村孝一『世界ことわざ辞典』東京堂出版　１９８７

田辺貞之助 監修『ラルース世界ことわざ名言辞典』角川書店　１９８０

石垣幸雄 他『世界のことわざ・１０００句集』自由国民社　１９８０

矢崎源九郎『世界のことわざ　―民族の知恵―』社会思想社　現代教養文庫　１９６５

ジェニファー・スピーク『オックスフォード英語ことわざ・名言辞典』柊風舎　２０１７

山田雅重『日英ことわざ文化事典』丸善出版　２０１７

佐々木功 監修、英語名言研究会 著『日本語で引ける　英語のことわざ集』中経出版　２００９

戸田豊『現代英語ことわざ辞典』リーベル出版　２００３

大塚高信、高瀬省三『英語諺辞典』三省堂　１９７６

東信行、諏訪部仁『研究社―ロングマン　イディオム英和辞典〈普及版〉』研究社　２００３

伊藤太吾『ロマンス語ことわざ辞典』大学書林　２００４

田辺貞之助『フランス故事ことわざ辞典』白水社　１９７６

藤村美織『ミニマムで学ぶドイツ語のことわざ』クレス出版　２０１９

下宮忠雄『ドイツ・西欧ことわざ・名句小辞典』同学社　１９９４

並松征四郎『スペイン語諺読本』駿河台出版社　1987
フランシスコ・オガンド、樋渡紀和子『西和諺の比較辞典』高野カトリック教会(京都市)
ポルトガル語ことわざ研究会『ポルトガル語ことわざ辞典』東洋出版　2015
渡部宏昭『ポルトガル語ことわざの知恵』たまいらぼ　1992
野津寛『ラテン語名句小辞典』研究社　2010
柳沼重剛『ギリシア・ローマ名言集』岩波文庫　2003
鈴木雅子、新谷俊裕『デンマーク語慣用表現小辞典』大学書林　2003
菊池正雄『チェコ語諺・成句辞典』武田書店　2002
室井和男『永久に生きるとは』海鳴社　2010(シュメール語)
滝川義人『なるほど！　ユダヤの格言　ユダヤの知恵』日本実業出版社　1995
八島雅彦『ロシア語名言・名句・ことわざ辞典』東洋書店　2011
栗原成郎『諺で読み解くロシアの人と社会』東洋書店　2007
栗原成郎『スラブのことわざ』ナウカ　1989
吉岡正敞『日英仏対照　ロシア語ことわざ集』駿河台出版社　1985
アフリカのことわざ研究会『アフリカのことわざ』東邦出版　2018
杜由木『夜には、夜のけものがあるき　昼には、昼のできごとがゆく』リフレ出版　2015(マサイ・キクユ族)
ルイ・クワミ・ボストン『ヌビア　―アフリカの智慧の言葉―』宝島社　2003
馬場喜敬『フマニタス　―南と北―』北樹出版　1992
曽野綾子『アラブの格言』新潮新書　2003
山口洋一『トルコが見えてくる』サイマル出版会　1995
勝藤猛、ハーシェム・ラジャブザーデ『ペルシア語ことわざ用法辞典』大学書林　1993

塩谷茂樹、E・プレブジャブ『モンゴル語ことわざ用法辞典』大学書林　２００６
ニルマラ純子『勇気をくれる、インドのことわざ』共栄書房　２０１３(タミル語)
土橋泰子『ビルマ万華鏡』連合出版　２００９
シリラック・シリマーチャン、大滝ミナ子『タイ語のことわざ慣用句』めこん　２０１８
岩城雄次郎、斉藤スワニー『タイ語ことわざ用法辞典』大学書林　１９９８
中川重徳『インドネシアのことわざ１３２０と日本のことわざ』自刊　１９９６
陳宗顯『台湾のことわざ』東方書店　１９９４
台湾総督府『台湾俚諺集覧』台湾活版社　１９１４
千野明日香『中国のことわざ』大修館書店　２０１０
金丸邦三、孫玄齢『中国語ことわざ用法辞典』大学書林　２００６
田中清一郎『中国の俗諺』白水社　１９７９
呉平韓『朝鮮と日本のことわざ選』朝鮮青年社　１９８８
呉平韓『朝鮮と日本のことわざ選・２』朝鮮青年社　１９９３
若松實『韓国ことわざ選』高麗書林　１９７５
森洋子『ブリューゲルの諺の世界』白凰社　１９９２
時田昌瑞『ことわざのタマゴ』朝倉書店　２０１８
時田昌瑞『辞書から消えたことわざ』ＫＡＤＯＫＡＷＡ　２０１８
時田昌瑞『図説ことわざ事典』東京書籍　２００９
時田昌瑞『ことわざで遊ぶ　いろはかるた』世界文化社　２００７
時田昌瑞『岩波いろはカルタ辞典』岩波書店　２００４
S.G.Champion, *Racial Proverbs*, New York, 1938

イースト新書Q

Q073

たぶん一生《いっしょう》使《つか》わない？
異国《いこく》のことわざ111

時田《ときた》昌瑞《まさみず》

2021年7月15日　初版第1刷発行

イラスト　伊藤ハムスター
校正校閲　konoha
編集　矢作奎太
DTP　小林寛子
発行人　北畠夏影
発行所　株式会社イースト・プレス
東京都千代田区神田神保町2-4-7
久月神田ビル　〒101-0051
tel.03-5213-4700　fax.03-5213-4701
https://www.eastpress.co.jp/
ブックデザイン　福田和雄（FUKUDA DESIGN）
印刷所　中央精版印刷株式会社

ISBN978-4-7816-8073-6